I0826132

LE
GRAND SEIGNEUR
ET
LA PAUVRE FILLE.

PARIS. — IMPRIMERIE DE COSSON,
Rue Saint-Germain-des-Prés, n° 9.

LE
GRAND SEIGNEUR
ET
LA PAUVRE FILLE;

ROMAN DE MOEURS

PAR M. E. L. B. DE LAMOTHE-LANGON,

Auteur de *Monsieur le Préfet*, *l'Espion de Police*, *le Chancelier et les Censeurs*, *le Ventru*, etc.

> *Sæpè in magistrum scelera redierunt sua.*
> SÉNÈQUE, *Tyeste*, acte II, sc. I.
> « Le conseiller d'une faute en est souvent la première victime. »

TOME PREMIER.

PARIS,
MAME ET DELAUNAY-VALLÉE, LIBRAIRES
RUE GUÉNÉGAUD, N° 25.
M DCCC XXIX.

LE

GRAND SEIGNEUR

ET

LA PAUVRE FILLE.

CHAPITRE PREMIER.

LES COMMÈRES DE LA RUE PHELIPPEAUX.

Oderunt hilarem tristes, tristemque jocosi.
HORACE, liv. 2. *Epître* 1.

La gaîté déplaît à ceux qui sont tristes, et la tristesse à ceux qui sont gais. »

CINQ heures sonnaient à l'horloge de la paroisse Sainte-Elisabeth. Le ciel était pur, l'air chaud et le pavé sec, le soleil brillait encore sur l'horizon; et plusieurs jeunes filles, armées de raquettes, jouaien au volant vers le milieu de la rue Phelippeaux. Quelques-unes dans le nombre étaient jolies; elles le savaient: les autres étaient laides, et ne s'en doutaient pas; tant la nature, bonne mère, a voulu, en donnant à ses enfans le contentement parfait de soi-même, leur ôter ces vifs regrets qui tourmenteraient ceux qu'elle a peu favorisés de ses dons.

Les parties s'animaient; on riait à gorge déployée des coups nombreux de maladresse qu'on se rendait réciproquement; le léger morceau de liége garni de plumes blanches et de peau aux brillantes couleurs, allait et revenait, reçu et renvoyé avec vivacité. La joie animait plus encore des visages frais et gracieux. Les passans étonnés s'arrêtaient parfois; puis ils continuaient leur route, soit en poussant un soupir de regret, soit en se reportant à l'âge heureux où ils se livraient au même plaisir: quelques-uns reprenaient avec hâte une course momentanément interrompue; car, eux aussi, des jeux les attendaient, aux guinguettes du faubourg du Temple pour certains, et pour les autres dans des salons dorés, où l'ennui se glisse bien souvent à la suite d'une allégresse éphémère.

Les éclats de rire, les plaisanteries innocentes, la franche hilarité des groupes divers, n'étaient pas vus néanmoins de bon œil par tous ceux qui, à cette heure, se trouvaient à l'entour; principalement au bout de la rue et auprès de celle de la Croix, s'élevait contre tant de gaîté un sombre orage, ou, pour parler d'une façon moins romantique, se réunissaient peu à peu cinq femmes du quartier, toutes fortes langues connues par leur malice, redoutées des jeunes gens et des ménages tranquilles des environs. Ces créatures comptaient au nombre de celles qui, ne s'étant rien refusé dans le printemps et dans l'été de leur vie, ne veulent à leur automne rien permettre aux autres, et qui sont d'autant plus exigeantes qu'elles ont beaucoup abusé; d'accord maintenant avec leurs confesseurs, qu'elles trompent, et avec leurs maris, qu'elles mènent, elles se croient en droit de répandre sur tout un venin pestilentiel; elles ont passé l'âge des amours et des divertissemens honnêtes : elles regrettent amèrement ce qu'elles ne retrouveront plus, et ne supportent qu'avec impatience la joie présente de la jeunesse et de la beauté.

L'une, marchande de vases employés aux divers usages d'une maison, était veuve de son quatrième époux, mort, comme ses prédécesseurs, à force d'avoir été tourmenté par son humeur impérieuse. C'était une maligne commère, très-habile à faire jaser les servantes sur ce qui se passait chez leurs maîtres, non dans le désir d'en profiter elle seule, mais afin de le répandre généreusement parmi les nombreuses pratiques admises tour à tour dans sa cellule de huit pieds carrés, qu'elle appelait son magasin; madame Loret ne se bornait pas à redire ce qu'elle apprenait, elle y ajoutait toujours quelque chose, car elle aimait l'invention, et ses récits n'y gagnaient pas du côté de la bienveillance.

Auprès d'elle en ce moment on remarquait la mère Michel, portière considérée d'une grande maison voisine. Celle-ci, douée d'une mémoire prodigieuse, savait par cœur, avec l'histoire des propriétaires rapides d'un hôtel qui leur échappait toujours, celle de tous les locataires entrés ou sortis depuis trente ans. La mère Michel possédait un cœur excellent et facile; on affirmait qu'elle était toujours prête à remettre en main propre à la jolie grisette logée dans la mansarde, la lettre qu'un beau jeune homme lui avait confiée en l'accompagnant de la grosse pièce blanche; elle levait un impôt et sur le débiteur qui se rendait invisible à ses créanciers, et sur ceux-ci lorsqu'ils voulaient connaître l'heure où le précédent devait sortir de la maison pour aller à ses plaisirs ou à ses affaires.

La fruitière principale du carré Saint-Martin n'était pas la moins importante de ce rassemblement féminin. Son mari, sergent major dans la garde nationale, devait ce poste honorable aux sollicitations de mademoiselle Augustine sa fille, alors bonned'enfans chez la femme d'un capitaine. Cet avancement rapide avait fait jaser quelque peu les habitués du marché voisin; mais comme madame Rougé, outragée dans sa fille, pocha par des voies de fait les yeux aux deux ou trois commères les plus hardies, et comme son époux en vertu de son grade avait trouvé le moyen de molester les maris ou les amans de celles-là, on finit par se taire, ou tout au moins par jaser plus bas. Une faiseuse de ménages de garçons était en quatrième dans le groupe malveillant; et en cinquième on voyait, avec une terreur mêlée de dégoût, madame Robillot, vieille pie-grièche, habitante de la rue Frépillon, vivant de ses rentes, disait-elle, ou plutôt de quatre ou cinq métiers, tous assez productifs, selon la chronique scandaleuse.

Elle était revendeuse à la toilette, prêteuse sur gages, et marchande de vieux tableaux. On affirmait en outre, mais à voix basse, qu'elle entretenait un commerce assez réglé avec le diable; que celui-ci, de bonne amitié, lui apprenait une foule de choses curieuses; et qu'elle, en retour et par reconnaissance, allait chaque nuit du samedi le visiter au sabbat convoqué dans la forêt de Sennart ou au pied de la tour de Monthléry : on aurait trouvé dans le quartier, en les cherchant bien cependant, des gens qui l'avaient aperçue, au-dessus de l'enclos du Temple, traversant les airs sur un manche à balai. Au surplus, la femme Robillot tirait les cartes, faisait tourner le sas, montrait aux jeunes filles curieuses leur mari futur dans un blanc d'œuf ou dans du marc de café; elle savait des recettes utiles avec lesquelles on retrouvait les choses perdues, etc. On remarquait en outre son empressement à causer avec les jolies filles du quartier, et ceci toujours avant le moment où, par un coup de la fortune, elles prenaient un vol plus élevé, revêtant la robe de soie, le chapeau à plumes et le schall boiteux. On ajoutait que jamais on n'avait vu rire la mère Robillot que lorsque quelqu'un se faisait mal devant elle. Elle fuyait les lieux où l'on se réjouissait; mais là où le malheur tombait de son poids terrible, elle accourait, et ses conseils funestes empiraient toujours la position de ceux qui les écoutaient : aussi chacun la détestait, et par suite se montrait rempli de bienveillance pour elle lorsqu'il lui parlait, tandis que par derrière on la maudissait en lui faisant les cornes; en un mot elle était crainte, et la crainte commande le respect plus impérieusement que les qualités douces et les vertus paisibles.

Tandis que j'ai perdu le temps à tracer ce hideux portrait, le groupe folâtre établi dans la rue Phelippeaux l'avait employé à continuer son jeu animé. Plusieurs garçons s'approchaient et prenaient part au divertissement. Les uns étaient attendus, les autres paraissaient vouloir profiter de la circonstance pour former une plus ample liaison avec les *demoiselles* du lieu. Leur manége n'échappait pas au cercle des méchantes commères, et le ciel sait les conséquences qu'il en tira.

« — Dites donc, la mère Michel ? n'est-ce pas pitié que de voir le dévergondage de l'époque présente ? sont-ce là d'honnêtes filles ? ne ressemblent-elles pas plutôt à ces malheureuses de la rue des Vertus...? Sainte Vierge ! leur conduite scandaleuse ne peut que nous inspirer de mauvaises pensées. »

« — Ainsi va le monde, madame Loret ; il décline de mal en pis, et il n'y a pas de remède. Cette éveillée aux grands yeux noirs, et dont la robe n'a pas moins de cinq volans, qui ne la croirait millionnaire ? eh bien, elle dîne avec une pomme cuite, et elle soupe avec un verre d'eau ; je sais ça, elle loge chez nous, et elle a de la peine à faire les quinze francs de son terme. »

« — Et mademoiselle Sophie, dit la faiseuse de ménages, peut-elle ainsi se compromettre en se familiarisant avec *ces espèces*..., elle qui aura vingt bons mille francs en mariage ; ce n'est pas que sa mère soit du sang des *Mémorency*, elle criait de vieux chapeaux, mais elle s'est enrouée si souvent qu'elle a ramassé une grosse somme ronde. Tenez, Mesdames, Dieu nous soit en aide! est-ce que ce grand gars ne vient pas de l'embrasser? un dimanche et à l'heure de vêpres encore! De mon temps on allait à l'église : aujourd'hui l'on batifole dans la rue. Il n'y a plus de mœurs ni de religion.»

« — A qui le dites-vous? répliqua la mère Robillot. On ne croit presque plus aux maléfices, à peine si la bonne aventure va son train. Que peut-il arriver de sage depuis que les esprits forts et ces enragés de libéraux empoisonnent le peuple? Voilà ce qu'un saint prêtre, M. Poulvant, digne jésuite, me disait hier en achetant dans mon magasin un beau portrait de saint Ignace. Croyez-vous que les galans amènent leurs maîtresses chez moi dans un désir d'honnête curiosité, pour y apprendre l'époque d'un mariage que l'on recule toujours? ils n'ont garde; ils vont au Musée, au Conservatoire des arts et métiers, ou danser chez des ménétriers, méchans garnemens. Je conclus de tout ceci que la fin du monde approche.»

« Dieu veuille la retarder un peu, répliqua la vendeuse de pots de terre. Mais où peut être Thérèse Mortier, elle qui aimait tant à rire et dont les éclats joyeux s'entendaient des deux bouts de la rue ? »

« — Thérèse, reprit la portière, est notre locataire, et elle ne peut faire un pas sans que je la surveille. C'était l'an passé encore une fille d'honneur, mais aujourd'hui elle ne vaut pas mieux que les autres. »

« — Bah ! que nous contez-vous ? s'écrièrent les autres interlocutrices; elle fait donc des siennes ? »

« — Si elle en fait ! elle n'a que deux amoureux ; oui, deux vraiment, et deux amis intimes : quand l'un la quitte, l'autre la prend. C'est à faire soulever le cœur. »

« — Eh ! qui sont ces écervelés qui suivent cette péronnelle ? » demanda la Robillot d'un ton de voix aigre et presque fâché.

« — Ses voisins de chambre à droite et à gauche, deux beaux garçons qui auraient pu trouver mieux en s'adressant surtout à des femmes plus raisonnables ; l'un est un compagnon menuisier, grand brun aux vives couleurs, à la taille bien prise, à la main forte, et dont les yeux brillent comme des chandelles de cinq; l'autre est, à ce qu'on dit, un colleur de papier, paresseux, presque toujours sans ouvrage, qui se soigne. »

« — Et celui-là est-il bien? » ajouta la fruitière Rougé.

« — Oui, il n'est pas mal; il est d'une tournure avantageuse; il a une de ces mines avenantes et sérieuses tout à la fois; sa parole est haute, il semble toujours commander. Je ne me fierais pas à ce drôle. Cela ne doit voir que mauvaise compagnie; c'est fier, insolent; ça ne parle jamais dans ma loge. Ça ne peut manquer de faire une mauvaise fin. »

« — Voyez cette folle, reprit la devineresse; elle pouvait avoir un sort si heureux. »

« — Et de quelle façon? » demanda le groupe.

« — En se conduisant mieux, riposta la mère Robillot fâchée d'avoir trop parlé.

Mais se peut-il que monsieur de Saint-Thomas, votre riche propriétaire, poursuivit-elle, consente à souffrir chez lui ce scandale? »

« — J'ai fait mon devoir, Mesdames, dit la mère Michel; je luilui ai conté ce qui se passe : savez-vous sa réponse? il a visité son grand livre de compte : — Ils paient exactement, a-t-il dit; je ne me mêle pas de ce que font mes locataires dans leurs chambres, pourvu qu'ils ne cassent pas les carreaux et n'ébranlent pas la rampe de l'escalier. »

« — C'est un fameux vilain, s'écrièrent les commères; mais Dieu le punira, et le déshonneur planera sur sa maison. »

« — Non, pardieu! tant que la mère Michel gouvernera la porte, s'écria celle-ci toute fâchée; vous en débitez trop sur ce qui ne vous regarde pas. »

« — Allez-vous commencer une querelle en pleine rue? dit la femme de ménage; ne vaut-il pas mieux nous concerter pour tirer au clair ce qu'est ce garçon, colleur de papier? et si on découvre que c'est un misérable, nous en ferons honte à la petite Mortier. »

« — Je me charge de ceci, mes amies, répliqua la devineresse ; j'ai plus d'une corde à mon arc, et je vous promets, dimanche prochain, à la même heure, de vous en rendre raison . »

« — Dieu le veuille ! dit la fruitière. Et si vous le savez plus tôt, passez à mon magasin; je me ferai fête de vous y recevoir, et puis je communiquerai vos renseignemens à ces dames. »

« — Mère Robillot, dit la portière Michel, ma loge est grande et commode : on s'y tient trois personnes, depuis que j'en ai enlevé le secrétaire de feu mon mari et le grand fauteuil de mon oncle : c'est un bijou. Maintenant il y a un papier à douze sous le rouleau... »

« — Est-ce le particulier de Thérèse qui l'a posé? » demanda en ricanant madame Rougé.

« — Lui ! ce morveux ! il est trop faraud pour m'avoir rendu ce service. Je lui en touchai un mot ; il fit la sourde oreille.

Aussi qu'il lui arrive de ne payer que le neuf : le dix il aura son congé, je vous l'affirme. »

« — Et bien vous ferez, lui fut-il répondu ; il ne faut pas souffrir les insolences de ce personnage... Mais, que saint Marcel nous protége ! n'est-ce pas Thérèse Mortier qui sort avec ses deux acolytes ? Où va-t-elle ? aux Vendanges de Bourgogne peut-être, ou au Port-à-l'Anglais. Oh ! la débauchée ! je ne lui rendrai plus le salut. » (C'était la faiseuse de ménages qui s'exprimait avec ce mépris superbe.)

« — Quant à moi, poursuivit madame Rougé, je me réserve de lui dire ma façon de penser au premier plat qu'elle viendra acheter dans mon magasin. »

« — Ma chère dame Michel, dit à son tour la Robillot, engagez cette pauvre abandonnée à passer demain matin chez moi ; j'ai de l'ouvrage à lui donner : peut-être travaille-t-elle encore. »

« — Ah ! pour cela, reprit la portière, la mauvaise conduite ne l'amène pas à la fainéantise : elle est à sa couture avant le jour, et à la nuit tombante elle fait jouer son aiguille. C'est une justice à lui rendre. »

« — Dieu ne l'a donc pas entièrement abandonnée, dit la fruitière. Cependant je conseillerai à mademoiselle Séphas de ne plus se familiariser avec elle ; et vous devriez en dire autant à la petite Sophie, qui, avec ses trois rangs de volans, joue là toujours en franche écervelée. »

« — Je n'ai pas attendu votre avis, mère Rougé, pour faire cette recommandation sage ; mais on m'a ri au nez, tant on a hâte de mener la même vie. »

« — Et cela arrivera plus tôt que cent mille francs à vous et à moi. »

« — Oh ! c'est que le diable aime mieux prendre que donner. Qu'en dites-vous, madame Robillot ? »

Cette interpellation aurait pu, aux yeux de celle-ci, passer pour une impertinence. Dans toute autre circonstance, elle en aurait témoigné sa mauvaise humeur : maintenant elle ne fit que sourire ; et peu après, le groupe malveillant se sépara. Il en fut de même de celui des joueuses de volant. La nuit approchait, et des couples se détachaient de la masse pour aller par la rue de la Corderie, ou celle Porte-Foin faire le tour de la rotonde du Temple. Deux jeunes filles, seules, sans cavaliers, prirent le même chemin. C'étaient mademoiselle Ursule Séphas et la pétulante Sophie Loblin. Elles se tenaient la main, et leur causerie semblait animée.

« — Tu crois, Sophie, qu'il l'aime sincèrement ? »

« — Oui, Mademoiselle; j'en suis certaine. Si vous voyez comme, quand il arrive avant elle, il paraît fâché de ne pas la rencontrer; avec quelle impatience il reste sur le seuil de sa porte, et de quelle façon il court à elle aussitôt qu'il la voit ! »

« — Et elle, l'aime-t-elle autant ? »

« — Pauvre fille ! elle en est folle, elle ne vit que pour lui ; et je crois qu'une seule de ses pensées ne se distrait sur un autre garçon. »

« — Cependant il me semble que Cyprien voudrait aussi lui en conter ; et Cyprien est aussi bel homme que Jean-Baptiste. »

« — C'est possible ; mais elle ne le voit pas. Jean-Baptiste remplit son cœur, sa tête, son âme, ses yeux. Ah ! si c'est là de l'amour, c'est une occupation bien fâcheuse. »

« — Elle est heureuse, Sophie ! »

« — Oui et non, Mademoiselle : heureuse pour le moment ; mais ensuite... »

« — Est-ce qu'il ne l'épousera pas ?

« — Il ne ferait point une aussi méchante action. Mais un mari, Mademoiselle, cela vaut-il un amoureux ? Ils boivent trop, ne gagnent pas assez, et battent toujours. »

« — Oh ! il y aurait de la douceur encore à être battue par Jean-Baptiste. »

« — Y pensez-vous, mademoiselle Séphas ? Une personne de votre rang, qui peut prétendre aux meilleurs partis du quartier, doit-elle faire attention à un simple ouvrier ? »

« — Sophie, je suis folle, je le sais ; mais est-ce ma faute ? ce jeune homme tourne ma tête, et je ne puis être heureuse sans lui. »

« — Et Thérèse, que deviendrait-elle ? Thérèse, orpheline, sans aucun parent, sans un sou de fortune ; elle qui ne possède au monde que son travail, et qui n'a d'autre plaisir que son amour. »

« —Je croyais que tu m'aimais, Sophie, et je me suis trompée. Tu me préfères Thérèse, et tu te mets de son parti contre moi. »

« —Dame ! Mamzelle, c'est que vous êtes riche, qu'avec de l'argent on a de tout, même des amoureux au choix, et des gens qui vous flattent par-dessus le marché. Thérèse est comme moi vis-à-vis d'elle-même : si elle ne travaille pas aujourd'hui elle ne dînera pas demain ; et dans ce cas, faut-il lui envier une amie ?

« — Et pourquoi ne veux-tu pas être la mienne ? Est-ce que je te laisse manquer d'ouvrage ? est-ce que je ne te donnerai pas tout ce qu'il te faudra ? Ne puis-je pas t'avancer ta semaine, si tu en as besoin ? »

« — Oui, vous le pouvez; mais aussi, je reste sous votre dépendance. Thérèse ne peut rien pour moi : je ne la crains pas, et je l'aime. Oh ! si vous étiez pauvre comme nous, je ne ferais entre vous deux aucune différence! »

« — Grand merci, Mademoiselle ! Vous êtes, vous, tranquille, car on ne songe pas à vous enlever votre amoureux. »

« — Mon amoureux, dites-vous? Oui, plusieurs veulent l'être; et pourtant je n'en ai point. »

« — Menteuse! Et Cyprien? »

« — Cyprien ! répéta la jeune fille avec un son de voix mélancolique ; Cyprien ne m'aime pas. »

« — Thérèse aussi lui ferait tourner la cervelle. »

« — Cyprien, avec un cœur de roi, est malheureux comme la triste Sophie; et Thérèse n'a qu'un seul amant. »

« — Me conteras-tu ce qui se passe? »

« — Non, Mademoiselle Séphas , parce

que les secrets des autres ne sont pas les miens, et qu'ensuite je n'aime point à me faire du mal à moi-même. »

« — Adieu, Sophie. »

« — Bonsoir, mademoiselle Séphas. »

CHAPITRE II.

UNE MAISON DE LA RUE PHELIPPEAUX.

Une maison de Paris, c'est l'arche de Noé au petit pied.

MERCIER, *Tableau de Paris.*

—Oh ! Jean-Baptiste, que la soirée est belle ! et qu'elle est charmante à passer avec toi ! Comme, après le travail de la semaine, le repos du dimanche est doux ! et qu'il est plus doux encore lorsque je le goûte auprès de toi ! Qu'avez-vous donc, bon Cyprien ? vous paraissez malade. »

«— Souffres-tu, cher ami ? dit Jean-Baptiste en se tournant avec empressement vers son camarade. Nous allons alors reprendre le chemin de la maison. »

« — Ce n'est rien, répliqua le troisième interlocuteur ; cela passera. La douleur vient vite ; mais en revanche, elle part lentement. »

« — Cyprien, reprit la jeune fille, vous n'êtes pas bien depuis long-temps ; vous étiez si gai cet hiver ? N'avez-vous plus d'ouvrage ? »

« — J'en ai plus que je ne peux en faire, et il n'est pas prêt à manquer. »

« — Qu'est-ce qui te chagrine alors ? répliqua Jean-Baptiste. De l'ouvrage et une jolie maîtresse, voilà tout ce qu'il faut à un jeune garçon. »

« — Il lui faut autre chose ; et ceci, je ne l'explique pas. Mais changeons de propos. Où achéverons-nous de passer la soirée ? »

« — Sur les bords de la Seine, si vous le voulez bien, mes amis, dit Thérèse Mortier avec un son de voix d'une douceur enchanteresse. Je ne crois pas votre bourse mieux garnie que la mienne : pourquoi dépenserions-nous inutilement ce qui nous est si nécessaire? Le temps passe vite, et le moment viendra où nos économies ne suffiront pas peut-être. »

Thérèse s'arrêta en rougissant, et elle jeta vers Jean-Baptiste un regard indéfinissable. Lui, soit qu'il en comprît le motif, ou pour toute autre cause, rougissait non moins que sa jeune maîtrssse, et dans ses yeux éclatèrent presque en même temps un contentement extrême et un chagrin non moins profond. Ces deux sentimens s'y confondirent et disparurent avec rapidité. Il prit ensuite un air riant.

«—Oui, Thérèse, tu as raison : l'argent ne nous embarrasse guère ; et si notre ami m'en croit, nous suivrons ton avis. »

Cyprien ne répondit pas. Il s'était arrêté quelques pas en arrière ; il regardait le fil de l'eau, fit un mouvement comme pour se rapprocher de la rivière ; mais à la suite du premier élan il revint auprès du groupe amoureux. La pâleur et l'altération de ses traits frappèrent Jean-Baptiste et Thérèse.

Le premier n'en témoigna rien ; mais il ne put arrêter un frémissement involontaire. La jeune fille, attirant Cyprien de sa main gauche :

«—Allons, jeune homme, lui dit-elle; je m'oublie ici avec vous deux. Il se fait tard, et demain j'ai besoin de commencer ma journée de bonne heure. Marchons vite. Voyons à qui entrera le permier dans la rue Phelippeaux. »

En parlant ainsi elle entraînait rapidement les deux amis, et ses yeux inquiets tantôt interrogeaient le visage défait de Cyprien, et tantôt allaient puiser l'amour dans ceux tout enflammés de Jean-Baptiste. Ces trois individus étaient trop remplis de leurs pensées pour trouver le loisir de causer. Ils suivirent le canal le long de la Bastille, descendirent vers la place Royale, prirent la rue Saint-Louis ,et, à travers le dédale de celles qui se croisent dans le vaste Marais, ils débouchèrent, à neuf heures du soir, dans celle Phelippeaux.

«—Entres-tu, Jean-Baptiste?» demanda Thérèse d'une voix timide.

«—Non, pas encore, chère amie : j'ai besoin d'aller chez mon maître : il veut me parler ce soir, et m'a commandé de l'attendre.»

«— C'est un homme bien exigeant.»

«—Ah! oui, bien fantasque, poursuivit le jeune homme avec un sourire fâché, non sans une teinte de malice : il me tourne la tête, et cependant lui faut-il obéir.»

«—Garde-toi bien de lui déplaire. On ne gagne que du mal à changer de maître; et puisque celui-là est content de toi... Espères-tu qu'il te fera travailler cette semaine? Nous en avons bon besoin.»

«—Du travail!... certainement, j'en aurai. Je l'enverrais à tous les diables, s'il n'en laissait manquer. Mais non; cela n'est pas à craindre: l'infâme a trop besoin de moi.»

«—Mon Dieu! tu as de singulières expressions, mon ami. Il me semble que je comprends mieux Cyprien. On voit bien que ton ouvrage te rapproche des gens comme il faut. Viendras-tu de bonne heure, Jean-Baptiste ? Oh ! comme je vais souffrir à t'attendre ! Tiens, voilà notre compagnon qui nous quitte sans rien dire. Il est pressé de se coucher. Adieu. Reviens, et songe que je ne serai contente que lorsque tu seras avec moi. »

Un baiser prolongé et recommencé à diverses reprises termina ce colloque. Le jeune homme partit assez rapidement, tandis que Thérèse Mortier demeura immobile devant la porte aussi long-temps qu'elle put entendre le bruit des pas de son amant, qui tourna vers le carré Saint-Martin. Alors un soupir de peine échappa à son âme douce, et elle aussi rentra dans la maison.

« — Mamzelle Thérèse, mamzelle Mortier, voulez-vous me faire l'honneur de vous arrêter devant ma loge ? dit, comme la jeune fille passait, la femme Michel. Vraiment, on dirait que causer avec moi maintenant vous déshonore. Vous n'aviez pas l'an dernier tant de fierté. »

«—Je n'en ai pas davantage celle-ci, lui fut-il répondu avec un sourire angélique ; mais je suis plus occupée, et je ne puis me donner autant de plaisir. »

Cette manière de compliment adoucit l'humeur aigre de la commère. Elle aussi, prenant un ton moins amer, dit à son tour :

«—Si je désire vous parler, ce n'est point pour passer le temps, mais seulement dans votre avantage. Vous croyez que je ne vous aime point, parce que je vous gronde souvent : vous êtes dans l'erreur : je m'occupe de vous plus que vous ne le méritez peut-être ; et cette après-dîner, pas plus tard, je vous ai promis la pratique excellente de madame Robillot. »

«—De madame Robillot ! répliqua Thérèse avec un mélange de dégoût et de crainte respectueuse. Je ne me sens pas en état de travailler pour elle. »

«—Néanmoins elle compte sur vous ; et demain dans la matinée, il faut absolument que vous alliez la trouver. »

« — Je ne le pourrai guère, mère Michel. »

« — Il faut en trouver le moment : car, à votre âge et dans votre position, il serait dangereux de vous brouiller avec cette dame. . . .

« — Est-ce que les bruits répandus sur elle dans le quartier sont vrais ? » demanda Thérèse d'une voix troublée.

« — Tous le sont, ma fille ; et pour la première fois peut-être, on en raconte moins qu'il n'y en a positivement. »

« — C'est donc une femme bien méchante ? »

« — Elle est au moins très-dangereuse, et comme elle peut jeter des sorts sur ceux qui lui déplaisent, je ne me refuserais pas à l'aller trouver, si elle me témoignait le désir de m'appeler auprès d'elle ; d'ailleurs ne seriez-vous pas charmée de la consulter si elle vous prend en fantaisie ? elle est capable de tirer pour vous le grand jeu de cartes *gratis*, et elle en fait payer au moins quarante sous, et aux bonnes pratiques encore. »

« — Vous croyez qu'elle me rendrait ce service : alors j'ai envie d'aller la trouver. Cependant je ne voudrais pas le dire à monsieur Jean-Baptiste, car il ne peut imaginer combien on dit de choses vraies quand on nous conte notre bonne aventure. »

« — Ce garçon m'a l'air d'un sournois ; je je vous en avertis, Mademoiselle. »

« — Et moi je vous salue, Madame, répliqua brusquement Thérèse Mortier en lui faisant une sèche révérence ; puis, quand elle fut dans l'escalier : « Voyez, la vieille méchante, comme elle prend plaisir à me tourmenter! Jean-Baptiste sournois! Et pourquoi, s'il vous plaît? parce qu'il ne s'arrête pas à s'amuser avec elle, parce qu'il garde son quant à soi; il fait bien..... Mais reviendra-t-il bientôt ? »

Et ici elle poussa un cri, car Sophie Loblin se présenta inopinément devant elle.

« — Tu m'as fait peur, lui dit-elle ; je t'ai prise pour la mère Robillot. »

« — La sorcière de la rue Frépillon ! grand merci, ma chère Thérèse. Et pourquoi songes-tu à elle ? »

« — Pourquoi ? Ne m'a-t-elle pas fait dire d'aller demain dans sa chambre, et qu'elle avait de l'ouvrage à me donner ! »

« — Dieu veuille qu'elle ne te donne pas autre chose ; quelque mauvais sort par exemple. »

« — Ah ! si je le croyais... Non, jamais je n'aurai le courage de demeurer tête à tête avec cette créature. »

« — Si tu veux, je t'y accompagnerai. »

« — Ce serait là une des belles actions de ta vie. Mais que me voulais-tu ? »

« — Je suis inquiète, chère Thérèse. Le pauvre Cyprien est rentré, non point bien portant, mais très-malade. Il s'est enfermé dans sa chambre ; il pleure, il gémit. Sais-tu d'où il porte cette maladie ? »

« — Hélas ! à la promenade nous nous sommes aperçus, Jean-Baptiste et moi, que déjà il n'était pas dans un état ordinaire. Nous l'avons questionné, il nous a caché la cause de sa souffrance. Allons voir s'il n'a pas besoin de nous. »

Un long corridor, ouvert dans les mansardes d'une immense maison, était percé, à droite comme à gauche, de plusieurs portes donnant chacune dans une chambre de médiocre grandeur, habitées soit par les domestiques des principaux locataires, soit par de pauvres gens, à qui elles tenaient lieu d'un appartement complet. Un retour du corridor en forme d'équerre contenait quatre pièces, deux occupées par les jeunes gens, et les deux autres par Thérèse Mortier et Sophie Loblin. Les deux grisettes vinrent doucement jusqu'auprès de la porte de Cyprien, et elles l'entendirent marcher dans sa chambre avec vivacité, frapper des coups de poing sur la muraille, et pousser des soupirs étouffés. Sophie avait envie d'écouter ce qu'il pouvait dire, mais l'âme douce de Thérèse ne permit pas cette espèce de trahison. La fille Mortier s'approcha et heurta légèrement. A ce bruit inattendu Cyprien s'arrêta et puis demanda d'une voix altérée ce qu'on voulait.

« — Savoir de vos nouvelles, monsieur Cyprien, lui répondit Thérèse. On m'a dit que vous n'étiez pas bien; j'étais déjà inquiète pour vous, et je venais avec Sophie vous demander si nous ne pouvions vous aider en rien. »

«—Vous êtes trop bonnes, Mesdemoiselles, dit Cyprien sans ouvrir sa porte; mais mon indisposition commence à passer; je suis mieux depuis une minute. Il ne me faut maintenant que du repos; tâchez de le trouver comme moi. Je vais le chercher. »

Il y avait une sorte de congé dans ces dernières paroles. Les jeunes filles se regardèrent mutuellement. Elles ne se dirent rien pourtant, mais elles se retirèrent de quelques pas, se souhaitèrent un bonsoir laconique, et chacune rentra dans sa chambrette. Sophie Loblin n'était pas sans avoir envie de parler; et comme elle craignait que sa bouche ne fût indiscrète, elle préféra terminer brusquement la veillée, et de retour chez elle, et tout en bouclant ses cheveux, elle commença un monologue qui exprimait les agitations de son âme, mais que je ne transcrirai pas, car je soupçonne le lecteur peu curieux de le connaître.

Thérèse, également retirée chez elle, ne chercha pas d'abord le sommeil. Plusieurs pensées occupaient son âme; Jean-Baptiste d'abord, qui n'était plus là, puis la maladie en expectative de l'ami Cyprien, et ensuite la visite à faire le lendemain à la sorcière Robillot. Mais par-dessus tout elle rêvait à son amant, et son amant ne rentrait pas encore. Dix heures, onze heures sonnèrent et il n'était pas venu. Le timbre de l'horloge frappa minuit, et alors Thérèse convaincue que le jeune homme coucherait chez son maître, comme cela lui arrivait souvent, poussa un profond soupir, arrêta une larme prête à rouler dans ses yeux, et, malgré sa peine extrême, dut à la force de son âge le sommeil dans lequel elle entra.

Levée à six heures du matin, elle ouvrit doucement la porte afin d'arrêter Cyprien au passage; mais depuis long-temps Cyprien était parti. Ce fait lui fut confirmé par Sophie, qui entra chez elle sans façon, et qui, l'embrassant avec vivacité, lui dit: « Eh bien, il a donc passé la nuit hors de maison. Cela lui arrive souvent. »

«—Il n'est pas libre, répondit Thérèse. Son maître, qui le paie bien, exige une grande servitude. Il faut bien souffrir ce qu'on ne peut empêcher. » Elle voulut accompagner ces paroles d'un sourire et ne put y parvenir. Elle était mélancolique malgré ses efforts, et les absences multipliées de Jean-Baptiste pesaient douloureusement sur son cœur. Cependant les deux amies se livrèrent aux soins de leur léger ménage; elles furent chercher le lait, fondement obligé du premier repas; on alluma le petit fourneau, on prit à la hâte une tasse de liquide peu substantiel, e cela fait, Sophie se mit à dire : « Eh bie Thérèse, irons-nous chez madame Rob lot? »

CHAPITRE III.

LA FEMME AUX QUATRE NÉGOCES.

« Tout chemin d'acquérir se ferme à la vieillesse. »

REGNIER, *Satire* IV.

UNE diseuse de bonnes aventures a une grande influence sur des jeunes filles naïves et superstitieuses, ainsi que toutes encore le sont parmi nous. Madame Robillot était célèbre dans le quartier, et, comme je l'ai déjà dit, d'autant plus respectée qu'elle était crainte; et l'on ne l'abordait qu'avec une sorte d'effroi religieux, dont la plus vieille commère ne savait pas se défendre. Elle occupait, rue Frépillon, une assez vaste boutique avec deux chambres à la file; l'une obscure, qui faisait l'entre-deux; et l'autre donnant sur une petite cour où elle tenait le sabbat quand il était à propos de produire un grand effet.

La boutique, coupée en deux portions inégales par une cloison de mauvaises planches, renfermait dans sa portion la plus petite une sorte de magasin de vieux chiffons de robes parsemées de fleurs fanées; de clinquant roussi, de méchans colliers de perles, des boucles, des chaînes en chrysocale, des vases de porcelaine dépareillés, deux ou trois pendules détraquées, des flacons de cristal fêlés, etc., tous objets d'un grand débit, et que convoitait chaque nouveau couple avant de s'établir. L'autre partie plus grande de la boutique servait de *vade-in-pace* à une multitude de tableaux et de portraits de toute dimensions et de tout âge; là les croûtes venaient se placer auprès de quelques morceaux capitaux que le brocanteur imbécile dédaignait et que savait enlever l'amateur connaisseur véritable. Là, de toute l'étendue du quartier Saint-Martin, les marchands enrichis venaient se fournir de grands-pères, de grand'mères en habits de velours brodés et à robes bouffantes. On achetait à juste prix un chanoine dont on faisait un vieil oncle, et un jeune sous-lieutenant qui devenait un neveu à la mode de Bretagne. Que de familles sans aïeux s'en étaient donnés dans le musée de madame Robillot! Ces parens respectables, souvent remis en vente, circulaient aux environs, et plusieurs, déjà trop connus, devenaient de difficile défaite.

La chambre obscure renfermait le lit et les armoires secrètes de la maîtresse du lieu; enfin, dans la pièce la plus éloignée, un chat-huant empaillé, un serpent à sonnettes dans un grand bocal de verre, un énorme bois de cerf pendu au plancher en travers d'un petit crocodile, deux poupées magiques, une machine électrique cachée derrière un haillon rouge, donnaient à cette chambre une sorte de dignité mystérieuse, et faisaient pressentir les matières que l'on y traitait parfois.

Madame Robillot était assise sur le pied de son lit, et presque environnée d'épaisses ténèbres. Elle réfléchissait peut-être tandis que son œil, accoutumé à une vigilance physique, ne perdait pas de vue l'ouverture des deux demi-magasins, quand tout à coup la clarté provenant de la porte unique fut obstruée en partie par deux corps qui s'interposèrent devant elle; la maîtresse du lieu comprit ainsi l'appoche de personnes étrangères : elle ne fit qu'un saut, malgré sa décrépitude, de la place où elle se reposait; et d'une voix mielleuse, « Entrez, entrez, Mesdames, » dit-elle. Mais lorsqu'en s'approchant de plus près, elle eut reconnu les deux survenantes, elle se remonta à son diapason ordinaire : « Eh bien! petites filles, que demandez-vous? »

Jusque là vaincues par une crainte superstitieuse, ni Thérèse ni Sophie n'avaient osé s'aventurer au-delà du seuil de la porte, et loin que l'invitation qu'on leur adressait leur donnât plus de courage, elles sentaient battre violemment leur cœur. La mère Robillot, accoutumée à produire cet effet, ne s'en fâcha point; mais, si elle attendait la jeune Thérèse, Sophie n'était pas ce qu'elle désirait, et dès l'abord prenant son parti en habile général d'armée, elle essaya de diviser les forces de l'ennemi.

« — Que vous faut-il, mamzelle Loblin? Une robe de soie? j'en ai une qui vient d'une actrice de la Gaieté, et que je puis vous donner pour dix écus. Voulez-vous un manteau de rencontre pour l'hiver prochain, des souliers excellens et à bas prix? ou bien est-ce un lit que vous cherchez pour renouveler votre mobilier? »

Un proverbe vulgaire a dit *le ton fait la chanson*, et dans cette circonstance Sophie ne fut pas la dupe des offres de la marchande à la toilette; elle comprit leur but moqueur, et peu endurante par caractère, elle riposta promptement : « Grand merci de toutes ces guenilles, mère Robillot ; si j'avais à m'en charger, je les acheterais d'une meilleure main ; il me faut seulement un brin de corde de pendu avec une moitié de la fourche du diable. »

L'attaque était trop directe pour qu'en la faisant la petite ouvrière ne songeât point à la soutenir avec avec avantage. Elle avait reculé d'un pas, et son corps était presque tout dans la rue, quand la sorcière, insultée dans sa demeure, et ne pouvant pas commander au premier mouvement de sa colère, lui jeta un saint Jérôme presque tout neuf qu'un bon savetier venait de lui vendre. Sophie évita le coup, et se reculant à propos, se mit hors de la portée d'un second projectile. Thérèse, vraiment effrayée d'un début pareil, voulait aussi s'éloigner de la demeure de la dame Robillot ; mais celle-ci la prenant par la main, « Entrez, mon enfant, lui dit-elle ; je vous attendais avec impatience, mais seule, et on pas avec le démon femelle qui me aiera certainement son mauvais propos. »

« — Je suis venue avec elle, répondit hérèse toute tremblante, et je ne veux as la quitter. »

« — Vous la quitterez pourtant, folle que ous êtes, si vous voulez que je vous fasse u bien; et si vous partez avec elle je vous accablerai d'une malédiction qui ne vous laissera plus tranquille. »

« — Hélas! madame Robillot, dit Thérèse en joignant les mains, je suis une fille simple qui ne veux et n'ai fait de mal à personne; je ne crois pas mériter non plus que vous m'en fassiez. »

« — Et qui parle de vous en faire si vous vous conduisez bien? je ne vous serai fatale que dans le cas de résistance à ma volonté. Suivez-moi dans ma salle-basse; là nous pourrons causer à notre aise, et l'on ne nous interrompra pas. Catherine! cria-t-elle ensuite, à la boutique; et ne la quitte que je ne sois de retour. »

A ces mots on vit tomber d'une sorte

de soupente une masse énorme de chair; c'était moins un femme qu'une boule de graisse ; des jambes courtes, mais fortes, des bras charnus à l'excès, une tête immense enchâssée sans col dans des épaules telles que n'en a pas le plus gigantesque fort de la halle, des traits perdus sous des joues à l'avenant, ainsi était la compagne aimable, ou plutôt immobile de la dame Robillot. Thérèse, à son aspect, loin de se sentir plus rassurée, éprouva une augmentation de terreur; elle aurait voulu certes, au prix de sa meilleure journée, se tirer de ce mauvais pas. La chose devenait impossible, Catherine, en manière de tour, s'était placée devant la porte et l'obstruait entièrement, tandis que la revendeuse à la toilette tenait toujours la main dont en femme habile elle s'était emparée. Force fut donc à Thérèse de se résigner ; elle tâcha de faire bonne contenance, et non sans un vif battement de cœur, elle suivit son guide dans la chambre destinée aux opérations magiques. Ce qu'elle y vit en entrant ne contribua pas à la rassurer ; elle se laissa placer sur une chaise de paille tournée vers la fenêtre, tandis que la Robillot se mit à contre-jour. Ceci était une tactique de son métier : il fallait qu'elle pût découvrir sur la figure mobile de celles qui la consultaient la plupart des choses qu'elle prétendait lire dans les astres. Après un moment de silence, presque de rigueur dans cette situation, la conversation s'engagea.

« — Savez-vous, ma petite, que vous êtes la seule de tout le quartier, à part cette drôlesse de Sophie, qui ne soyez jamais venue me visiter? Je suis pourtant très-accommodante ; je fournis de beau linge à grand marché, et je ne fais pas payer cher des conseils fort utiles. On vous a donc dit beaucoup de mal de moi? »

A cette question imprévue, Thérèse, toute surprise et peu spirituelle, ne sut pas répondre à l'aide d'un mensonge hardi ; accablée sous le poids de la vérité elle rougit, bégaya des mots inintelligibles, mais n'exprima pas du moins le contraire de ce qu'elle pensait. L'adroite Robillot la devina sans peine, et trop rusée pour le faire connaître ou pour s'en fâcher mal à propos, elle continua :

« — Cependant je me sens portée à vous être utile. Vous êtes une jolie fille, vous aimez le travail, et l'on ne vous voit pas courir en évaporée dans les rues : persistez, ma chère, dans cette conduite décente, vous vous en trouverez bien et Dieu vous bénira. »

Thérèse voulait répondre, et les mots manquèrent à sa pensée ; cependant elle parvint à tourner un remerciement court et suffisant. La maligne femme l'écouta ; puis reprenant la parole, « Vous savez coudre proprement ? » dit-elle.

« — Oui, madame Robillot ; c'est mon métier, et je tâche de le bien faire : ceux qui m'emploient ne sont pas mécontens de ma besogne ; je vais vite, et le point est serré. »

« — C'est agir à merveille. Je puis vous

faire gagner beaucoup d'argent, et j'espère à mon tour que vous m'en ferez avoir quelque peu. »

« — Moi, madame Robillot! et de quelle manière? Je ne prends rien à entreprise, je n'ai pas la tête assez forte pour tenir un livre de *maison*. » C'était de *raison* qu'elle aurait dû dire; mais la jolie Thérèse ne savait de mots que ceux nécessaires à exprimer le cercle étroit de ses idées.

« — Et les cartes, dit la sorcière en montrant un salle jeu de tarots négligemment ouvert sur une table, croyez-vous, mon enfant, que je les remue sans qu'elles me rapportent un peu le médiocre? Les temps sont durs, mamzelle Thérèse, et pour vivre il faut s'aider de tous les moyens. »

Un soupir de la jeune Mortier prouva qu'elle sentait la justesse de cette maxime; ses yeux en même temps se portèrent sur le jeu de cartes avec une ardente curiosité, et on n'eût pas besoin de ses paroles pour connaître à cette heure le désir de son cœur.

«—Je devine par elles, dit la Robillot en frappant sur le tas, tout ce qui agite une jeune fille, et, mieux encore, je lui annonce ce qui lui arrivera d'heureux dans l'avenir et les malheurs qu'elle pourra éviter. Parlez de moi dans la rue Phelippeaux, j'y suis bien connue, et là aucune voix ne s'élevera pour démentir ce que j'avance ici devant vous et en présence du bon Dieu qui m'écoute.»

«—Je le sais, Madame; on ne parle que de votre esprit. Mais moi quel sort peut m'être réservé? une pauvre fille peut savoir ce qui lui arrivera pour travail: des mortes saisons, des commèrages sur son compte, des maladies, et au bout de tout cela, peut-être un mari brutal et débauché.»

Un demi-sourire accompagna ces derniers mots; la simple Thérèse en les prononçant avait cru dire une contre-vérité, et par sa gaieté de circonstance elle cherchait en même temps à protester contre ce que ce pronostic pouvait avoir d'injurieux pour le doux Jean-Baptiste.

« — Eh! qui vous a dit que votre vie ne sera pas plus agitée? N'avez-vous pas vu des demoiselles moins jolies et moins sages que vous parvenir à une fortune brillante? savez-vous s'il ne vous en arrivera pas autant? Je n'aurais qu'à ouvrir les cartes, et nous l'apprendrions toutes les deux aussitôt que je les aurais touchées. »

Thérèse tressaillit, ses yeux s'animèrent encore davantage. « — Et combien cela me coûtera-t-il? » demanda-t-elle d'une voix presque étouffée.

« — Rien, presque rien, ma belle voisine, une misère, que je retrouverai sur l'ouvrage que vous allez emporter. Je vous traiterai en conscience, car je me sens de l'amitié pour vous. »

« — Mais encore, Madame, faut-il que je le sache; car, voyez-vous, je n'en ai pas trop pour nouer les deux bouts. »

« — Ah! vous êtes économe; vous possédez toutes les vertus. »

« — Je ne veux être à charge à personne. »

« — C'est parler d'or. Mais, ma petite, avant d'aller plus loin je m'avise d'une chose : je ne vous connais pas, j'ignore qui vous êtes, et néanmoins il serait bon que vous eussiez en moi quelque confiance ; on arrive mieux à la découverte de l'avenir lorsque l'on possède à fond l'histoire du passé. Je pourrais l'apprendre dans mes cartes, mais ce serait du temps perdu : voulez-vous m'éviter cette peine ? »

Cette question plongea Thérèse dans un embarras complet. La femme Robillot ne lui inspirait aucune amitié ; elle tremblait devant elle ; et la seule curiosité, le seul amour d'un gain légitime, la retenait dans cette chambre. Jamais elle n'aurait choisi de propos délibéré une pareille confidente ; et néanmoins sa docilité naturelle, la douceur de son caractère, la naïveté de ses sentimens ne lui permirent pas une longue résistance aux cajoleries et aux instances de la curieuse, qu'un motif secret poussait. Thérèse, vaincue par ses protestations de dévouement et d'intérêt, ignorant l'art d'éluder des aveux qu'on ne veut pas faire, entra en matière ainsi que le lecteur le verra dans le chapitre suivant.

CHAPITRE IV.

LES CONFESSIONS D'UNE JEUNE FILLE.

Fallere credentem non est operosa puellam
Gloria.....
Deuxième héroïde, Philis à Démophoon.

« Il n'y a pas de gloire à abuser de la crédulité d'une jeune fille. »

« Je suis née bien loin, bien loin de Paris ; on dit que mon pays touche à l'Espagne, là ou l'on brûle les hommes qui ne vont pas à la messe. Ma mère était pauvre et malade. Elle ne vivait que pour moi, et le soin de me rendre moins malheureuse qu'elle l'occupait entièrement. Un jour elle vendit notre petite maison, elle me prit ensuite dans ses bras, et nous nous acheminâmes vers Paris. Il me semble qu'elle y venait dans le dessein de se rapprocher d'un frère qui avait fait fortune. Je crois me rappeler qu'elle parlait de guerre, de courage et de richesses acquises sur des champs de bataille; tout cela n'est peut-être pas vrai ou je l'exagère, car il ne m'en est resté qu'un souvenir bien confus: j'étais si jeune lorsque je perdis cette excellente mère! »

Thérèse ici s'arrêta; ses pleurs remplissaient ses yeux, et la mère Robillot lui prit les mains comme pour la consoler en silence.

« Ma mère mourut de chagrin de n'avoir pu retrouver son frère; elle ne me laissa que deux louis et le linge que j'avais sur le corps. On parlait de m'envoyer aux orphelines, lorqu'une pieuse femme, non moins pauvre que nous et qui avait soigné ma mère dans sa dernière maladie, me demanda si je voulais rester avec elle. — Si je le veux? lui dis-je ; oui, madame Nicolas: je ne désire point vous quitter, je serai sage petite fille. J'avais cinq ans. Dès lors cette excellente chrétienne eut pour moi des soins que je ne pouvais espérer; elle me fit faire ma première communion, m'apprit la couture, et tant qu'elle vécut elle me tint lieu de la mère que j'avais perdue. On me croyait dans le quartier sa fille véritable; je portais son nom que même je conserve encore par respect pour sa mémoire chérie. Je la perdis, elle aussi, comme j'entrais dans ma seizième année. Alors je me trouvai seule complètement, sans famille, sans amis, ni personne qui s'intéressât à mon sort.

»Mes larmes coulèrent avec abondance; je me mis à prier Dieu; il me donna du courage, et je recourus au travail. Deux années s'écoulèrent ainsi. J'étais occupée de mon ouvrage, ne sortant que pour en aller chercher ou pour en faire dans de bonnes maisons. Je vécus sinon heureuse, du moins tranquille; ce n'est pas que de temps à autre je ne fusse vivement agitée. Mes efforts ne me procuraient pas toute les choses de première nécessité : je patissais sans me plaindre ; mais bien souvent j'ai mangé avec désespoir mon pain sec sans être certaine de m'en procurer le lendemain. Ce n'est point, madame Robillot, que plus d'une fois de vieux pécheurs ne soient venus me faire des propositions brillantes : ils me promettaient de l'or, de belles robes et un mobilier tout d'acajou. Ceci me tentait, je l'avoue, au premier aperçu : puis venait la réflexion ; je me demandais : Aimerai-je cet homme ? serai-je honnête fille avec lui ? D'ailleurs je voulais être honnête femme. Et je refusais ce qui m'avait trop ébloui.

» Les choses restèrent sur ce pied encore une année. Je vins loger dans la maison où je suis. Là demeura peu après, sur le même carré et porte attenante, un jeune homme colleur de papier de son état, monsieur Jean-Baptiste, que vous connaissez peut-être de vue. Il était bon comme moi. Il me témoigna tant d'amitié que je ne pus lui refuser la mienne ; je ne tardai pas à sentir que je m'attachais à lui au-delà de ce qu'il fallait : mais il n'était plus temps de reculer, mon cœur avait cessé de m'appartenir.

» Je tombai malade. Sophie Loblin, Cyprien et Jean-Baptiste me prodiguèrent des soins dont je ne perdrai jamais le souvenir ; ils mirent avec moi leur bourse en commun, ils l'épuisèrent, et je revins à la vie. Jean-Baptiste ne travaillait plus ; il me veillait presque toutes les nuits ; nous étions seuls, et je l'aimais, ah ! comme j'ai chéri ma mère et la chère madame Nicolas ! Que vous dirai-je ? nous nous promîmes mariage mutuellement, et depuis lors je suis sa femme, je la serai jusqu'à la mort. Et déjà même..... »

La jeune fille interrompit ici son discours ; une rougeur éclatante colora son charmant visage, et sa tête doucement inclinée se pencha dans ses mains. Celle qui l'écoutait parler essaya de déguiser l'émotion involontaire qu'elle-même venait d'éprouver, et prenant un ton gai, dit à Thérèse :

« Voilà en effet un beau sujet d'être honteuse si le jeune homme est honnête! un prompt mariage raccommodera tout. »

« — Nous ne pouvons nous marier encore; les parens de Jean-Baptiste, auxquels il a demandé leur consentement, lui ont répondu qu'on était toujours à temps d'épouser une pauvre fille, et qu'avant sa vingt-cinquième année ils ne lui donneraient pas la permission qu'il désire. J'ai beaucoup pleuré de cette rude réponse; mais que faire? s'y soumettre, s'aimer toujours, se bien conduire, et espérer. »

« — Oui, l'espoir fait passer le temps; et vous en aurez besoin, car Jean-Baptiste est bien jeune. »

« — Il a vingt-trois ans, c'est deux à laisser venir. »

« — Et en attendant d'autres viennent; j'en suis fâché pour vous; ma petite, ceci peut nuire à votre sort à venir. Cependant, si vous le voulez, nous pouvons battre les cartes. Allons, coupez de la main gauche. Oui..., bien comme cela... Oh! oh! qu'est-ce ceci...? Un grand seigneur vous trouve jolie... Il veut vous rendre heureuse... Vous devenez dame à plumes et à chapeaux.... Vous voilà dans une belle voiture... Vous donnez de bons dîners qui valent ceux de l'Arc-en-ciel. »

« — Tout cela, madame Robillot, n'est qu'un tas de menteries; car Jean-Baptiste riche n'est pas un noble, et je ne le crois pas plus que moi. »

« — Et vous croyez aussi qu'il n'y a qu'un Jean-Baptiste dans le monde ? »

« — Oui, pour moi; et sans lui je n'aurai jamais ni robes ni voiture ni le reste. Vos cartes ne disent rien qui vaille. »

« — Je ne les ai pas bien mêlées, dit la sorcière quelque peu déconcertée; une autre fois j'y mettrai plus de soin, et celle-ci ne comptera pas pour votre bourse. »

« — Une autre fois, soit; aussi bien, huit heures vont sonner; j'ai des chemises à rendre, et peut-être Jean-Baptiste est revenu. »

« — Allez donc où vos affaires vous appellent, et prenez cette douzaine de mouchoirs fins à ourler. D'ailleurs, voici un saint homme qui vient me parler pour affaires; c'est un digne prêtre: je veux un jour vous rapprocher de lui, et vous me remercierez de vous l'avoir fait connaître. »

La femme Robillot se leva, fit passer Thérèse devant elle, et, arrivée dans la boutique, elle fit au nouveau venu une belle révérence.

« — Dieu vous garde, monsieur Poulvant, dit-elle; comment va votre précieuse santé? »

« — Mal, madame Robillot, mal, très-mal; le travail de la vigne du Seigneur me tue, mais gloire en soit acquise au Seigneur. »

Celui qui parlait ainsi était un homme d'environ cinquante ans, pâle, maigre, élancé, au teint bilieux, à l'œil de flamme. Tout en lui respirait l'habitude de la domination. On voyait dans ses moindres mouvemens extérieurs que sous cette enveloppe devait être cachée une âme forte, impérieuse, accoutumée à tout faire plier devant elle, et à soumettre les autres à ses caprices ou à son intérêt. Ce n'est pas qu'une teinte de caffarderie n'adoucît extrêmement ces symptômes de volonté impérieuse; l'abbé Poulvant savait au besoin adoucir la raideur de son caractère, se montrer, quand il le fallait, humble, tel qu'un véritable prêtre chrétien; dans ces circonstances, sa voix moins forte se montait à un diapason de soumission aux volontés de la Providence. Il parlait avec onction, ne demandait rien pour lui, mais n'abandonnait ni l'avantage de son ordre, ni le désir de renverser un gouvernement établi par la sagesse royale pour assurer le repos des Français.

L'abbé Poulvant, jésuite de robe longue, comptait parmi les plus fougueux disciples de Loyola. Ses actions, ses paroles avaient pour but unique le rétablissement dans toute sa splendeur de la société impie et régicide abhorrée par tous les peuples ; il travaillait à ce grand œuvre avec une ténacité que rien en pouvait suspendre. Il cherchait des auxiliaires autant parmi les classes vulgaires de la société, que parmi celles placées au premier rang dans le monde. Sa maxime favorite était la conséquence du vers fameux,

> N'importe de quel bras Dieu veuille se servir ;

et, selon lui, il fallait travailler sur l'esprit du peuple comme sur la stupidité des grands. Fidèle à son idée, il passait tour à tour des hôtes les plus somptueux du faubourg Saint-Germain dans les demeures les plus humbles des pauvres quartiers ; il apportait à celles-ci des consolations, des secours, en même temps qu'il cherchait à les animer d'un fanatisme ardent et sombre dont il attendait d'heureux résultats. Depuis long-temps le père ou l'abbé Poulvant, comme on voudra le titrer, avait compris l'avantage immense qu'on pouvait retirer du concours de la mère Robillot, et lui permettait ses pratiques superstitieuses, pourvu qu'elles tournassent au profit de l'Église, et qu'elles vinssent inculquer dans les âmes sans instruction la crainte des morts, des maléfices, sorte d'épouvante dont on ne peut se guérir que par le secours du clergé. D'ailleurs, cette femme lui disait qu'elle inspirait aussi de l'amour en faveur de la compagnie de Jésus, renaissante à peine de ses cendres. C'était là tout ce qu'on pouvait attendre d'elle, et en retour de ses bons soins elle recevait une petite pension que l'ordre d'Ignace lui faisait sur son trésor caché. La malignité qui s'attache à tout osait bien prétendre que ces rapports n'étaient pas les seuls qui attachaient l'abbé à la brocanteuse : on répétait avec affectation que celui-ci était homme, et qu'il trouvait dans la rue Frépillon un lieu commode à pécher secrètement. Je dois, en historien véridique, déclarer ce fait une atroce calomnie, et convenir qu'avec tous les vices de sa robe, l'abbé Poulvant en avait toutes les vertus.

Son œil, accoutumé à embrasser rapidement les divers objets qui meublaient une chambre, ne laissa pas à l'écart Thérèse Mortier; et dès qu'elle fut sortie, l'abbé se hâta de demander qui était cette grisette.

«—Une jolie fille du quartier, sans malice aucune, et se conduisant mal, parce qu'elle n'a personne pour la bien diriger. »

« — Elle fait comme les enfans du siècle. Et ne pourrait-on la mettre en religion? »

« — Cela serait difficile, car elle aime plus son amant que son Dieu. »

«—Vous me faites frémir dans toute ma personne, dit l'abbé en faisant un signe de croix. Elle est donc bien pervertie? »

«—Non; elle n'est qu'amoureuse, mais elle voit tout dans son Jean-Baptiste. C'est un jeune colleur de papier, vrai faraud, petit-maître dans sa classe, et qui la trompe certainement. Vous pourriez, digne prêtre, rendre un bien grand service à cette enfant:

ce serait de lui faire connaître ce qu'est véritablement son bon ami. »

« — Cela est facile : je le demanderai au bureau de surveillance des ouvriers de sa profession. »

L'abbé Poulvant sortit d'une poche secrète de sa soutane des Notes reliées en cuir de Russie; il écrivit le nom de Jean-Baptiste, sa qualité; puis baissant la voix, il entama une conversation plus intime sur le motif qui, ce jour-là, le conduisait chez la mere Robillot.

Cependant Thérèse, étonnée de tout ce qu'elle avait dit à cette femme, respira plus librement dès qu'elle fut dans la rue. Elle cheminait d'un pas lent et mesuré quand elle se sentit arrêter au milieu du corps ; elle eut un moment de frayeur ; mais la figure riante de Sophie, qu'elle reconnut à deux pouces de la sienne, ne tarda pas à la rassurer.

«—Te voilà revenue du sabbat, ma chère amie, lui dit la jeune Loblin. T'a-t-elle conduite loin de Paris, cette vieille sorcièce ? et as-tu pris part à la danse du grand bouc ? »

Thérèse répliqua sur le même ton ; elle avoua le jeu de cartes, et non les confidences qui l'avaient précédé, et alors Sophie Loblin, rentrant dans les superstitions de son sexe et de sa classe, écouta avec avidité le récit des merveilles promises par les tarots.

« — Oh ! oui, tu feras fortune, ma petite, puisque la Robillot te l'a promis. »

« — Et Jean-Baptiste ? »

« — Eh bien ! il la fera avec toi, ou il te la fera faire. Ses parens, dit-il, sont d'honnêtes gens. Qui sait s'ils n'ont pas quelque oncle, quelque frère en Amérique, et si un jour ton bon ami ne se réveillera pas riche comme monsieur de Saint-Thomas, propriétaire ? »

« — Qu'il se réveille tous les jours amoureux de moi comme hier. Il m'aimait ; c'est là tout ce que je désire. Serions-nous plus liés, si nous possédions beaucoup de bien ? je ne le crois pas. Mais sans lui, je ne demande ni ne désire de richesses. Oh! le voilà, ma chère Sophie, le voilà. »

Et aussitôt, leste comme le jeune faon, qui d'un bond s'élance impétueusement auprès de sa première compagne, Jean-Baptiste déjà avait franchi le ruisseau et pris amoureusement Thérèse Mortier sous son bras : « — Tu m'es donc rendu ! — Oh! ma chère, que la nuit m'a semblé longue! — Jean-Baptiste, pourquoi n'es-tu pas rentré hier? — Ah ! mon maître, mon chien de maître ! Et Cyprien ! — Est sorti avant le jour. — Etait-il malade encore? — Je n'en sais rien. — Tu ne le lui as donc pas demandé? — J'ai tant songé à toi que je l'ai laissé partir avant de pouvoir lui rien dire. — Ma Thérèse ! — Mon ami! — Je ne cesse pas de t'aimer. — Tu me rends la plus heureuse des femmes. — Viens, je puis rester une heure avec toi avant d'aller à l'ouvrage à une heure. — Adieu, Sophie. — Ah! Mademoiselle, excusez-moi si je ne vous ai pas vue ; mais Thérèse était là. »

Et Sophie lui faisant une belle révérence, mit le doigt sur son front. « Partez! partez! dit-elle, paire de fous que vous êtes; » et quand ils se furent éloignés: «Pauvre Cyprien, ni toi ni moi n'aurons jamais autant de bonheur. »

CHAPITRE V.

UN SALON DU FAUBOURG SAINT-GERMAIN.

« La parfaite raison fuit toute extrémité,
Et veut que l'on soit sage avec sobriété. »

MOLIÈRE, *Misantrope*, act. II, scène 5.

« SA seigneurie le duc de Montmorenci. Madame la comtesse d'Urval. M. le duc et mademoiselle de Gespart. M. le colonel baron Montgervel. M. d'Alville. »

Ainsi, un valet de chambre en habit noir complet, poudré à blanc et aux souliers carrés garnis de larges boucles d'argent, annonçait d'une voix forte, dont il modérait les éclats, de nobles, de dignes, et quelquefois de roturiers mais riches personnages, qui venaient ce soir-là grossir le cercle de la vieille marquise de Nertal.

Cette dame, issue par les siens des plus antiques maisons de France, avait pris pour époux un gentilhomme d'un sang non moins pur. Elle avait eu le bonheur de marier le comte de Nertal, son fils unique, à l'héritière d'une grande fortune et d'un beau nom, et en serrant ce lien, elle croyait avoir rempli sa tâche. Deux enfans en étaient sortis, un garçon, connu dans le monde sous les nom et titre d'Adolphe, vicomte de Nertal, et une fille, plus jeune de deux ans, mademoiselle Régine, aussi jolie qu'elle était bonne et vertueuse.

La marquise de Nertal, âgée alors de quatre-vingt-cinq ans, porte avec force le poids de cette longue vieillesse ; elle conserve avec une vivacité peu commune, de la raideur dans le caractère : les malheurs de la révolution, la misère de l'exil n'ont pu la ployer à la hauteur des circonstances. La noblesse est tout pour elle, l'illustration à peine quelque chose, et une mésalliance lui est en horreur à l'égal de l'enfer. On a prétendu que sa jeunesse, passée dans les folies de la cour licencieuse de Louis XV, n'avait pas été exempte du reproche; mais elle ne s'en souvient plus. Elle prie Dieu comme le plus grand seigneur de l'univers; le roi vient ensuite; et en troisième, elle s'occupe du bien-être de sa maison. Celle-ci, ébranlée par la foudre révolutionnaire, a conservé de grands domaines, de belles rentes sur l'état, et elle en espère davantage d'un acte solennel sollicité avec trop de force du monarque pour que tôt ou tard il ne soit pas accordé. La marquise de Nertal songe à marier son petit-fils; elle a trouvé une bru parfaite : c'est la fille unique du duc de Gespart, frère de la comtesse de Nertal. Ainsi, ce sont deux cousins-germains que l'on veut unir.

Le comte de Nertal est un homme d'honneur, dans toute l'acception du terme. On dit en le voyant venir que c'est la probité incarnée. Fier de son rang, il veut son devoir avant tout. Il aime sa mère, et celle-ci, subjuguée par sa fermeté vertueuse, chérit moins son fils qu'elle ne le respecte; car il ne résiste jamais que là où la voix publique l'appuie : non l'approbation de la multitude, mais de ce petit nombre de cœurs dignes d'esprits élevés, qui font seuls dans le monde les fortunes et les réputations.

La comtesse, sa femme, pense comme lui, mais avec moins d'énergie; elle se laisse dominer par la marquise, et voit rarement d'une manière différente de la sienne. Elle aime ses enfans, ses devoirs, parle peu et bien; elle réfléchit beaucoup; et qui le soir la voit dans le monde, ne se doute pas toujours qu'elle a passé la matinée dans l'exercice des bonnes œuvres; elle possède le vraie charité, celle qui agit et qui est silencieuse.

Adolphe, vicomte de Nertal, est jeune, beau, fier, hautain, impétueux; sa tête souvent commande à son cœur, et la réflexion ne vient que tard à son aide. Enfant gâté de sa mère et de son aïeule, flatté par ses amis, qui attendent beaucoup du crédit de ses parens, il s'est cru, au sortir de son adolescence, un être supérieur. Mais tout à coup, trompé avec un art parfait par de très-jolies femmes, il s'est replié sur lui-même, s'est demandé si tous ses triomphes étaient dus à son seul mérite ou à sa position sociale, et il s'est juré de ne pas tarder à se procurer la solution de ce problème difficile. Son âme est noble et romanesque, il cherche des illusions là où d'autres se contenteraient de la réalité, et il se presse de jouir de la vie, comme s'il comprenait qu'elle devait passer rapidement.

Sa sœur.... Eh bien! encore un portrait, deux, trois à la suite. J'en ai assez dessinés : je vais faire agir les personnages. Peut-être que ceux dont le profil n'a pas été tracé seront ceux dont le lecteur reconnaîtra le plutôt les caractères. Régine est assise auprès de son aïeule; mais au nom d'Honorie de Gespart, sa cousine germaine, elle oublie le décorum, se lève précipitamment sans entendre ou sans vouloir écouter les aigres avis de la marquise.

Honorie, conduite par son père, arrive devant celle-ci, tenant déjà dans sa main celle de Régine. Elle salue la grande dame, demande avec intérêt à la comtesse des nouvelles de sa santé, et puis se hâte de s'asseoir tout auprès de sa jeune parente qui certainement est sa meilleure amie.

«—Que vous êtes venue tard, chère Honorie! Vous serez la cause que demain matin, au déjeuner, je serai horriblement grondée par ma grand'-mère.»

«—Quel crime vous aurai-je fait commettre?»

«—Un bien remarquable; car, dans mon impatience d'être plus tôt auprès de vous, j'ai oublié ma dignité, traversé les groupes de ces messieurs, et j'ai été vous joindre tout auprès de la porte.»

«—Je conviens que vous méritez une bonne querelle, et néanmoins c'est pour moi que vous vous êtes rendue coupable.»

La conversation à voix basse de ces deux amies fut interrompue par l'approche de M. d'Alville. Il vient à elles d'un pas lent. Il lève au ciel ses yeux bleus et mourans, et sa bouche murmure à peine des paroles sonores qui, bien qu'elles remplissent l'oreille, ne descendent pas toujours jusqu'au cœur. Le jeune d'Alville a vingt ans à peine, et déjà il s'observe avec un soin extrême ; car le pauvre enfant s'imagine que l'univers a les yeux attachés sur ses moindres actions. Il appartient à cette caste de prophètes imberbes, de *voyans* poétiques, qui se sont donné eux-mêmes la mission de régenter la France, et qui se fâchent, rouges de colère, devant ceux qui se refusent à croire à une autorité dont ils ne fournissent aucune preuve; gens appelés, à les entendre, à régénérer la littérature ; qui ne demandent que le règne de l'invention; qui se disent créateurs, et dont tous les ouvrages jusqu'à ce jour ne sont que de pâles copies des chefs-d'œuvre de ces rands modèles objets journaliers de leurs mépris. Jamais anomalie plus comique ne nous a été offerte ; celui qui ne peut imaginer le moindre ouvrage, affirme qu'il crée ce qu'il défigure. Cette pédanterie de l'impuissance ne peût au reste réussir qu'à Paris, là où l'on accueille tout, pourvu que tout ait une apparence de nouveauté à laquelle on se laisse facilement prendre.

Les deux cousines connaissent d'Alville de longue date, et elles s'amusent de ses prétentions. Lui, loin de se douter qu'il prête à rire, affirme tranquillement sa supériorité et celle de ses quatre ou cinq amis ; et, lorsqu'il les nomme, chacun demeure surpris que leurs noms soient encore plus connus que leurs ouvrages. Mais, après le premier moment, l'orgueil d'un littérateur adolescent fatigue. C'est l'effet que produit d'Alville quand le colonel Mongervel vient à son tour auprès de ces jeunes personnes, et celui-ci est accueilli avec plus de vrai plaisir.

«—Vous voilà, Colonel, sans Adolphe, dit mademoiselle de Nertal. Oreste sans

Pylade, c'est pour moi une rencontre singulière. »

A cette citation mythologique, un sourire ironique passe sur les lèvres de d'Alville; quant au colonel qu'elle flatte, il se hâte de répondre : « Votre surprise cessera, Mademoiselle, lorsque vous saurez que votre frère me traite avec une rigueur inaccoutumée. Des jours, des semaines mêmes s'écoulent sans qu'il se réunisse à moi. Mon amitié ne fléchit point, et néanmoins s'inquiète de la diminution de la sienne. »

« — Il est vrai, dit Honorie de Gespart avec un embarras visible, que mon cousin est depuis quelque temps autant invisible pour ses parens comme pour ses amis; il ne vient plus voir mon père, et mon père est prêt à se fâcher. »

« — Mais, reprit Régine, où passe-t-il donc ses journées? »

« — Le vicomte, dit Mongervel, aime les arts, il leur consacre tout le temps qu'il peut dérober à son service, et on le trouverait au Musée tandis qu'on irait le chercher ailleurs. »

« — Que peut-il apprendre dans ces vastes magasins de mauvais goût ? dit d'Alville. Quelles inspirations supérieures lui donneront les Raphaël, les Poussin, les Rubens, et cette foule de peintres à réputations usurpées ? Grâce à Dieu, la révolution s'opère dans les arts libéraux comme dans la poésie. Quelques années encore, et nous aurons ouvert une nouvelle route. Plus de copies surtout, plus d'ouvrages calqués sur d'autres ouvrages : de l'invention, de la création, voilà ce qu'il nous faut dans ce siècle de profondes pensées. »

« — Ne venez-vous pas, monsieur d'Alville, lui demanda le colonel, de publier en deux volumes des traductions choisies de certains poëtes anglais et italiens ? Pourquoi ne nous avez-vous pas prêché d'exemple en nous donnant du nouveau de votre cru ? »

« — Ah ! vous êtes classique, Colonel, repart d'Alville avec un sourire cette fois forcé ; je vous en félicite ; je suis ici avec le mandat de changer la poésie, et sans création il ne peut y en avoir. »

Les trois interlocuteurs de ce singulier dialogue, se regardent tour à tour plus qu'étonnés de la réplique. « — Il rêve, » dit tout bas à sa cousine la belle Honorine.

« — Et il n'est pas le seul, » répliqua celle-ci.

Sur ces entrefaites, le vicomte Adolphe entre dans le salon ; il va d'abord baiser la main de son aïeule, faire un salut respectueux à son père, et, comme il s'approche de la comtesse de Nertal, le duc de Gespart, son oncle, le saisit au passage.

« Je vous tiens, mon beau neveu, je vous tiens, et vous ne m'échapperez pas sans me donner une explication que je désire obtenir de vous. A quoi se passe votre vie ? dans quel monde inconnu vivez-vous ? on ne vous rencontre plus au château, et le prince me disait hier que, hors les momens de votre service, il ne vous apercevait pas. »

« — Son altesse a trop de bonté, réplique

Adolphe en rougissant, de faire attention si je me présente ou non devant elle à certaines heures. »

« — C'est au moins une preuve qu'elle vous distingue, et que, si vous le vouliez, vous feriez encore une route plus rapide. Mais non; Monsieur à vingt-trois est déjà philosophe: l'âge présent le tient à la gorge, et, Dieu aidant, je ne doute pas qu'à sa majorité accomplie il ne s'enrôle parmi les industriels et ne s'abonne au Constitutionnel. Mais ceci m'écarte de ma question, et j'y reviens. Pourquoi ne venez-vous plus à mon hôtel, jeune homme? Ne vous y verrait-on maintenant qu'avec peine? ce n'est pas moi, au moins; et votre cousine n'est pas non plus coupable. »

« —Vous faites donc ainsi que son altesse? réplique Adolphe en essayant d'échapper par un faux-fuyant. D'honneur, je n'en vaux pas la peine, et vous me donnerez tous une vanité qui me rendra le plus orgueilleux des hommes. »

« — Cela n'est pas répondre, mon neveu, et j'attends de vous.... »

« — Monsieur le Duc, dit le colonel à voix basse, la princesse de M*** vient d'entrer, et vous regarde ; elle a peut-être quelque chose à vous dire. »

« — Grand merci, monsieur de Mongervel, réplique le duc. Je crois en effet que la princesse est chargée de me communiquer un mariage..... »

Et, sans achever, il quitte son neveu. Celui-ci, charmé de cet incident, se retourne vers son ami : « — Edmond, vous venez de me rendre un bien grand service. »

« — Ne vous pressez pas tant de me remercier, cher Vicomte ; car si je vous ai délivré de votre oncle, c'est pour me mettre à sa place, et vous presser de la même série de questions. »

« — Vous aussi, Colonel ? dit Adolphe avec dépit. Il est décidé que je serai dorénavant comme un *Raggazzo* à la lisière, et qu'il me faudra rendre compte, par livres, sous et deniers, de l'emploi de mes semaines, de mes jours et de mes heures. »

« — Bon ! est-ce que vous vous plaindrez sérieusement de ce qu'on vous témoigne trop de tendresse ? Je vous aime : vous n'en doutez pas, je pense. »

« — J'aurais mauvaise grâce à ne point vous payer de retour. Ne vous dois-je pas la vie ? »

« — Vous ne m'êtes redevable que de beaucoup d'amitié, et vous ne vous débarrasserez pas facilement de cette créance. Après moi, votre oncle vous aime, votre cousine vous aime aussi. »

« — Mon oncle, ma tante, mes parens.. Allons, allons, mettez-moi en présence de toutes les affections de famille. »

« — Adolphe, vous êtes ce soir bien susceptible.

« — Et vous, Edmond, trop investigateur. N'est-il pas dans la vie un moment, un mois peut-être, où l'on éprouve le besoin de se trouver seul avec ses pensées, où l'on désire se jeter dans un monde idéal?.... »

«—Et c'est dans ce monde que vous habitez maintenant. Vous faites bien de me sortir de cette erreur dans laquelle j'étais à votre égard. Je vous croyais perdu dans le plus positif de la terre. »

« —Je suis charmé de vous avoir détrompé. »

« —Mais, ne jugez-vous pas convenable de donner à votre belle cousine une explication pareille? Elle vous aime... »

« — Colonel, voilà déjà deux fois que vous me répétez la même chose. Etes-vous chargé de me l'apprendre, ou bien de me faire naître le désir que cela soit? »

« — Vicomte de Nertal, dit Mongervel en reculant d'un pas, je suis fâché de vous avoir enlevé à vos méditations graves. Rentrez-y, ce ne sera plus moi qui tâcherai de vous en arracher. »

«—Edmond, je vois à la dureté de votre réplique que vous êtes fâché contre moi. Vous ne voulez avoir aucune pitié du délire dans lequel se trouve votre ami : croyez qu'il serait plus généreux de ne pas apercevoir son extravagance, et surtout de ne jamais douter de son attachement. »

« —Eh bien, Adolphe, ne nous souvenons plus de notre querelle légère. D'ailleurs voilà votre sœur qui vous appelle d'une part, et madame la marquise de l'autre me fait signe d'aller à elle. Adieu, sans rancune. »

Et le colonel se rend auprès de madame de Nertal la douairière.

« —Jeune homme, lui dit celle-ci, vous parliez à mon petit-fils, et pendant ce temps j'observais son visage : ou je me trompe fort, ou quelque chose de sérieux occupe son âme. Que vous disait-il ? »

« —Qu'il y a, madame la Marquise, des momens dans la vie où l'on aime de rentrer en soi-même et de parcourir un monde idéal. »

« — Colonel, nous nommions cela du galimatias dans l'ancien régime. Est-ce que ce seraient par hasard les leçons que professe monsieur d'Alville? »

« — Il pourrait bien en être quelque chose, Madame. »

« — Et de cela je conclus qu'Adolphe n'a pas la tête trop saine. Seriez-vous assez aimable, assez complaisant surtout pour prendre le soin de surveiller sa conduite? Vous nous êtes cher, Colonel, et ma famille vous en donnera toujours des marques. »

En prononçant ces dernières paroles, les yeux de la vieille dame brillèrent d'un éclat extraordinaire qui surprit le colonel. Une idée folle vint l'occuper un instant; mais peu après il la rejeta avec honte; il songea que depuis son arrivée en France la marquise le traitait avec beaucoup de bonté, et que la décrépitude s'attache avec force à son ouvrage; il se reprocha son extravagance, et continuant l'entretien plus intiment, il assura sa bienfaitrice qu'il se conformerait scrupuleusement à ses intentions. Tandis que ceci avait lieu au milieu du salon, Régine à l'autre bout, où elle avait été s'établir avec Honorie et Adolphe, querellait sérieusement celui-ci.

« — Oui, disait-elle, ma cousine se plaint de ton absence... »

« — O Régine, je n'ai point parlé de cela, » répliqua avec vivacité Honorie.

« — Quoi! l'ai-je inventé? ne vous êtes-vous pas plainte il y a peu d'instans en présence du colonel? »

« — Eh bien, si j'ai commis cette imprudence, était-ce à vous à m'en faire rougir? »

Honorie dit ces mots avec une telle confusion pudique, son modeste embarras eût tant de charme qu'il fut frapper droit au cœur du vicomte de Nertal, et par suite amenèrent sur ses joues un surcroît de rougeur. Aussi, et avant de s'être entendu avec lui-même, il répondit:

« — En voudrez-vous à Régine, chère Honorie, de m'avoir fait connaître cette preuve de votre amitié: ma cousine ne peut-elle avoir pour moi une tendresse légitime, et serait-il mal à elle de l'avouer? »

L'expression rapide de contentement et de bonheur qui brilla aussitôt dans tous les traits de mademoiselle Gespart, avertirent Adolphe de son imprudence; mais le coup était porté, et par sa main elle-même : il n'était plus en son pouvoir d'en diminuer la vivacité.

« — Fais ta paix, Adolphe, avec Honorie, dit Régine, et promets-lui que tu m'accompagneras souvent chez elle. »

« — Pourquoi, ma bonne amie, engager votre frère à faire ce qui ne lui convient pas? l'hôtel de mon père est triste. . »

« — Adolphe, dit Régine en le secouant par le bras, n'entendrais-tu point l'appel qu'Honorie fait à ta galanterie et à ta sincérité? »

Mais le vicomte de Nertal, sorti par l'action de sa sœur d'une rêverie profonde, avait perdu le fil de la conversation, et il ne put adresser à sa belle parente les phrases banales, et dont la politesse fait une obligation. Honorie s'en aperçut; la joie momentanée qu'elle venait de montrer disparut aussitôt. Son cousin revenu enfin au lieu et à la situation présente essaya de se montrer tour à tour gracieux et gai ; il parla de plusieurs modes récentes, de deux ou trois tableaux, objets à cette époque de la curiosité publique ; il n'oublia ni la pièce nouvelle tombée aux Français, ni le monstre physique en possession d'attirer la foule. On l'écoutait, et tout bas on se demandait où était le fil de son discours ; Adolphe de Nertal battait visiblement la campagne ; son père, depuis quelques instans, se trouvait derrière lui, et prêtait à ses propos décousus une attention extrême ; tout à coup il frappa légèrement sur son épaule en disant :

« Mon fils, vous êtes certainement malade. »

Adolphe à ce choc, à cette question adressée par une voix chère et bien connue, se leva avec précipitation.

« — Non, mon père, répliqua-t-il avec une sorte d'amertume, je ne suis pas malade ; mais peut-être bien suis-je fou. »

« — Cela serait possible, et néanmoins comme vous le dites, j'espère que cela n'est pas. Vous vous livrez avec trop de soin à votre amour pour la peinture; l'odeur des huiles aura saisi votre tête. Rentrez dans votre appartement, croyez-moi, et ne sortez pas demain sans être bien assuré que votre indisposition est passée. »

Il y avait tant de tendre application dans ces paroles débitées avec une gravité respectueuse, que le jeune Adolphe en les écoutant, rentra complètement dans sa raison un instant égarée; mais accoutumé à une entière obéissance, quoique officier supérieur et en quelque sorte indépendant, il sortit aussitôt.

« — Où va Adolphe? » demanda la marquise à son fils.

« — Il éprouve une migraine violente, ma mère; je l'ai engagé à aller se coucher. »

« — Il fallait lui dire de prendre du tilleul, et de plus un bain de pieds chaud. Envoyez chercher le docteur, afin qu'on voie si une saignée serait nécessaire. »

« — Je ne le présume pas. »

« — Faites toujours, mon fils; je faisais suivre ce régime à votre père, et il s'en trouvait bien. Je désire qu'Adolphe s'y conforme. »

« — Vous serez obéie, ma mère. » Et le comte envoya chercher le médecin.

CHAPITRE VI.

LE MÉDECIN DU JOUR.

« Il est de faux dévots, ainsi que de faux braves. »

MOLIÈRE, *Tartufe*, acte I, scène 6.

LE vicomte de Nertal entrait à peine dans sa chambre lorsque sa mère y vint après lui. Elle le trouva debout, adossé contre un meuble, et enseveli dans une série de réflexions qui occupaient tous ses esprits. Tandis que son valet-de-chambre et un laquais de l'hôtel faisaient en diligence les préparatifs de son coucher, la comtesse vint à lui.

« — Cher fils, lui dit-elle, on vient m'apprendre que vous êtes incommodé. Où donc est le siége de votre mal? vous sentez-vous trop abattu ? et vos souffrances sont-elles sérieuses? »

« — Je ne le présume pas, bonne mère, répondit Adolphe. Un léger vertige, causé par les émanations des couleurs que j'emploie, ne doit point vous tourmenter, non plus que le reste de mes parens. Du repos et une nuit tranquille, voilà ce qu'il me faut. »

« — Et ceci ne vous corrigera pas de cette manie de faire l'artiste? un tel rôle convient-il à votre rang? n'avez-vous pas assez de vos occupations journalières, et ne pourriez-vous choisir un autre délassement? »

« — Celui-là me plaît. »

« — Il ne sied pas au fils du comte de Nerval: il vous confond journellement avec des hommes très-estimables, très-habiles sans doute, mais dont les formes, les habitudes, et plus encore la manière de voir, diffèrent essentiellement des nôtres. Croyez-moi, cherchez ailleurs le plaisir. »

« — Oui, ma mère, dans de nobles maisons de jeu; chez des courtisanes qui vendent d'affreuses maladies avec leurs faveurs; au milieu d'un cercle futile, occupé de chevaux, de chasse, de modes nouvelles; là je ne dérogerai nullement, là on me reconnaîtra dans ma place naturelle ; tandis que je me rabaisserai même aux yeux de mes proches, si je cherche à me distraire par un travail modéré, si je manie un pinceau, si je me rapproche de gens abaissés par la fortune, mais élevés par leurs sentimens. »

« — Ah! mon fils, que d'aigreur dans votre réponse, et que vous justifiez bien les craintes de mon frère, de votre aïeul et de moi! vous vous pervertissez, Adolphe; la contagion de l'époque vous gagne ; et avant peu, vous passerez dans le rang de nos ennemis. »

« — Ma mère, mon excellente mère ! s'écria Adolphe, je vous conjure au nom de Dieu de me laisser à mes goûts simples, à ma vie favorite, sans pour cela concevoir des craintes touchant mon avenir, et surtout mes sentimens. Ah ! si vous saviez combien je puis être malheureux ! »

« — Vous malheureux ! y songez-vous ? être d'une des plus illustres maisons de France, jeune, bien fait, spirituel, déjà très-avant dans la faveur du prince, époux prochain de la meilleure et de la plus belle des femmes, destiné à succéder à la pairie et au titre de votre futur beau-père... »

« — Je ne veux rien de tout cela, ma mère : il me faudrait moins de splendeur pour être heureux : un modeste héritage, les douceurs de la médiocrité... »

« — Adolphe, vous êtes plus près de la folie que vous ne le croyez ; vos propos m'affligent singulièrement. Et depuis quand, s'il vous plaît, avez-vous cessé d'aimer Honorie ? feriez-vous à mon frère et à moi un si grand affront ? »

«—Ne vous ai-je pas dit, ma mère, lorsque vous êtes venue à moi, que j'étais sous le poids d'un vertige que la nuit dissiperait? Ne vous offensez donc point de mes paroles. Sais-je ce que je dis? le ciel est le témoin des désirs ardens que je forme de vous complaire en tout : s'il vous faut ma vie, je vous la rendrai ; car aussi bien me l'avez-vous donnée. »

«—Vous êtes un vrai fou, dit la comtesse en le baisant au front, un enfant gâté, une créature romanesque, qui vous lancez à plaisir dans le premier chemin trouvé ; mais le fonds est bon : c'est en lui que j'espère ; et quant aux querelles d'amans, j'ai tort en effet de m'en mêler ; et si vous vous êtes disputé avec Honorie sur un fêtu peut-être, je sens que la gravité du cas doit rompre irrévocablement une union qui fait l'espérance de deux grandes familles. »

Madame de Nertal finissait sa réponse demi-tendre et demi-ironique lorsque l'on annonça le docteur Simonier. C'était un personnage à la mine riante, au teint échauffé par plus d'un excès, et qui pourtant, par une vie en dehors tout exemplaire, réparait les torts de ce reste d'effervescence de la jeunesse. Il entra portant sous son bras un volume relié avec magnificence. Peu après, il le posa sur une console sous son chapeau, et l'y oublia quand pour sortir il eut repris son couvre-chef. Il fallut le lui renvoyer le lendemain ; et la comtesse, qui prit ce soin, put en lire le titre : c'était la *Journée du chrétien*.

Monsieur Simonier se présenta d'un air respectueux et de componction tout à la fois ; il multiplia les révérences obligeantes vis-à-vis de la comtesse ; et puis, s'adressant au malade :

« — Qu'avez-vous de dérangé dans votre estomac, noble vicomte? ou bien vous seriez-vous enrhumé dans la glacière de Saint-Thomas-d'Aquin ? Il est beau, il est convenable de remplir ses devoirs de chrétien ; mais il faut prendre ses précautions lorsque l'on va dans nos églises. »

« — On vous y voit souvent, monsieur le Docteur. »

Eh! Madame, quoique médecin, ne suis-je pas sans cesse en état de souffrance spirituelle?... De quoi vous plaignez-vous, monsieur Adolphe? »

« — De ma tête, Docteur, de ma méchante tête, qui me jouera un mauvais tour. »

« — Eh bien! un bain de pieds tout de suite, et demain de l'eau de charbon. »

« — De l'eau de charbon, Docteur! »

« — Ses effets sont miraculeux. Vous en boirez deux grands verres avant que de sortir pour aller à la messe. Voilà tout pour le présent. Ces remèdes sont bons; mais il en est de supérieurs; et ceux-là, je laisse le soin de les trouver et de les employer à la piété éclairée de votre illustre famille. Mais adieu; je vous verrai demain. Il faut que j'aille assister au coucher du saint évêque de N..... »

« — Est-il toujours à Paris? » demanda la comtesse.

« — Hélas! l'air de son diocèse ne convient

pas à ses nerfs : il ne respire à l'aise que dans les salons des Tuileries. C'est là un digne successeur des apôtres. »

« Est-ce que saint Pierre ne mourut pas dans sa ville épiscopale après une résidence continue de près de trente ans? » demanda Adolphe.

Le docteur n'entendit point la question ; car il n'y fit aucune réponse. Il renouvela ses complimens à la comtesse, toucha un mot de prière à faire pour opérer une plus prompte guérison, et il partit pour aller mettre au lit le *saint évêque* de N... La comtesse sortit peu après. Adolphe resté seul se coucha, et passa une nuit fort mauvaise : le délire d'une fièvre ardente ne le quitta que bien avant dans le jour ; et tant qu'il fut en cet état, des paroles incohérentes sortirent de sa bouche ; mais ceux qui les écoutaient ne les comprenaient pas. L'accès se calma vers les trois heures de l'après-midi ; et lorsque Adolphe put reconnaître ceux dont il était environné, il vit autour de son lit son père, sa mère, Régine sa sœur, le colonel Mongervel et Amédée d'Erbeuil son autre ami. Tous attendaient avec anxiété que sa raison lui fût revenue. Cependant, loin de songer à les remercier de leur présence, le premier mot qu'il prononça exprima son désir de connaître l'heure précise; et quand on lui eut répondu, il se leva sur son séant par un mouvement involontaire, disant : « J'ai bien perdu du temps; je n'arriverai pas assez tôt. »

Mais se ressouvenant du lieu où il était, il retomba sur son oreiller; et par un simple mouvement de main et de tête, il annonça que ses sens n'étaient plus troublés. Son père s'informa, ainsi que la comtesse, avec une anxiété visible, de ce qu'il éprouvait maintenant. Sa sœur, ses deux amis lui témoignèrent un intérêt égal.

«—Je vais mieux, dit-il; je me sens faible encore, et pourtant je voudrais me lever.»

«—C'est ce que vous ne ferez pas, mon fils, dit le comte de Nertal, tant qu'il dépendra de moi de me faire obéir. Le docteur affirme que vous devez garder le lit et la chambre quinze jours encore, même en supposant que votre indisposition n'augmentât pas. »

« — Quinze jours, quinze années, quinze siècles ! répliqua le jeune homme avec une douloureuse consternation. Une fièvre éphémère, dont les suites ne seront que peu de chose, exigerait-elle ces immenses précautions ? Je vous répète que je me sens très-bien, et que le lit me déplaît. »

« — Vous n'en sortirez pas, Adolphe, dit la comtesse, avant d'avoir vu monsieur Simonier. »

« — Eh bien! qu'on aille le chercher; car mon impatience ne pourrait que me nuire beaucoup. »

« — Il viendra après le salut, où il a été en sortant d'ici. »

« — Il ne s'occupe guère de celui de ses malades, » murmura avec dépit Adolphe, à qui la colère arracha ce méchant jeu de mots. Il lui fallut néanmoins attendre le médecin pieux ; et jusque là soutenir, non sans contrainte, une conversation qui le tourmentait, parce qu'elle le distrayait forcément d'une idée fixe qu'il caressait avec délice.

Monsieur Simonier arriva enfin. Ses premiers mots en paraissant dans la chambre rappelèrent l'exercice religieux dont il sortait. L'éloquent abbé Cafford y avait débité son brillant sermon de la création du monde, et une foule nombreuse s'était édifiée en l'écoutant. Cela dit, le docteur s'approcha du lit.

« — Eh bien! mon cher vicomte, vous voulez déjà vous lever, courir les champs. Où iriez-vous à cette heure? et vous ne pourriez, pour votre première sortie, rendre à Dieu des actions de grâces de cette prompte guérison; car on va fermer les églises. Demain il sera temps d'aller à l'office, si demain le mal ne vous a pas ressaisi. Prenez patience; offrez à Dieu vos douleurs; seul il possède la panacée universelle; suppliez-le de vous en faire part.»

Ce fut avec de pareils propos que monsieur Simonier remplit le temps de sa visite. Il renouvela l'ordonnance de son eau de charbon, et se hâta de partir, parce que l'heure approchait de l'exercice de la congrégation du soir. La comtesse s'éloigna avec lui, pour aller informer madame la marquise de Nertal du mieux survenu dans l'état d'Adolphe. Son mari et sa fille furent de leur côté apporter la même nouvelle au duc de Gespart et à Honorie. Adolphe demeura avec ses deux amis. Il se contraignit moins devant eux: ils purent connaître sans peine qu'un trouble intérieur l'agitait. Nul ne lui en demanda la cause; ils possédaient ce tact délicat de la bonne compagnie, qui sait jusqu'où elle doit pousser l'insistance, et à quel moment il convient de se taire, vis-à-vis même des douleurs les plus éclatantes. Bientôt Adolphe, plus libre avec eux, témoigna sans contrainte le désir de goûter les douceurs d'un sommeil vivement appelé. D'Erbeuil et Mongervel partirent.

« — Joseph! cria-t-il dès qu'il se vit seul; Joseph! où donc es-tu, misérable? »

A cette appellation énergique, le valet-de-chambre, assis dans un cabinet voisin, accourut en toute hâte.

« —Mes vêtemens, dit le vicomte; dépêche-toi de me les donner. »

« —Eh! Monsieur, qu'en voulez-vous faire? Le médecin a dit qu'il ne fallait pas que vous songeassiez à quitter le lit. »

« — Sont-ce là tes affaires, bourreau? Sais-tu s'il me plaît de rester ici, si je n'ai pas besoin d'aller ailleurs? »

« —Eh! monsieur le Vicomte, un jour va et vient. Patientez jusqu'à demain, je vous le conseille. Vous avez eu la fièvre avec le délire toute la nuit; vous devez être faible; à trois heures l'accès ne vous avait pas quitté. »

« —Te tairas-tu, parleur insupportable? Il ne me plaît pas de suivre les avis du médecin. Allons, mon pantalon, et plus de remontrances. »

« — Oh! Monsieur, jamais vous n'avez été comme ça envers moi. »

« —Et toi, Joseph, jamais tu ne m'avais

tenu tête. Mon garçon, je ne t'en veux pas; mais tu sais combien je souffre loin d'elle. Toi seul as ma confiance. Tu devrais comprendre l'embarras de ma position. »

« — Eh ! Monsieur, permettez-moi de vous le redire encore, un jour, un seul jour ne tuera personne. Dans votre état (et le valet appuya sur le mot), on peut être forcé d'aller travailler à la campagne, rester souvent une semaine sans rentrer dans Paris. »

« — Et cela sans prévenir, sans donner signe de vie. »

« — Oh! je ne le dis pas. »

« — Eh bien ! laisse-moi me lever. Si je suis trop faible pour quitter la maison, je ne le serai pas au moins pour écrire une lettre. »

Joseph approuva ce *mezzo termine*. Il présenta à son maître les vêtemens nécessaires. Mais Adolphe avait trop compté sur ses forces : à peine eut-il mis le pied à terre, que, saisi coup sur coup par une suite d'éblouissemens, il tressaillit, se balança sur lui-même, et tomba bientôt dans un évanouissement complet, que la fièvre ne tarda pas à suivre. Joseph, le voyant sans parole et sans connaissance, le reporta sur son lit, le déshabilla en toute hâte; et ce soin rempli, qui importait à sa cause personnelle, il appela du secours. Et huit jours après encore, le vicomte de Nertal, accablé sous la violence de sa maladie, n'avait pas repris ses sens.

CHAPITRE VII.

L'HÉROISME DE L'AMITIÉ.

.... *Nobilitas sola est atque unica virtus.*
JUVÉNAL, sat. VIII.

« La vraie noblesse, c'est la vertu. »

La nuit venait de finir, et Thérèse Mortier veillait encore, pâle, souffrante, respirant à peine; elle veillait accablée de peines morales, et cependant elle travaillait. Il n'est pas permis au pauvre de se livrer au découragement de son désespoir; des besoins impérieux, la nécessité de se nourrir imposent des lois à l'abattement. Le pauvre doit agir quand il devrait se reposer, il lui faut une énergie inconnue aux heureux du siècle.

Douze jours, douze nuits, longs et affreux, s'étaient écoulés depuis le moment dernier où Jean-Baptiste avait quitté son amie. Cette absence insupportable que rien ne motivait, qui n'avait pas été prévue, brisait une âme douce, aimante et constante. Thérèse, au milieu des plus cruels tourmens, se livrait à toutes les conjectures sinistres que son imagination pouvait enfanter ; une seule ne se présentait pas à elle. Thérèse ne songeait point que son amant pût être infidèle; non, elle avait une âme trop belle pour soupçonner tant de perfidie, et le dernier coup du sort ne pesait pas encore sur son cœur.

Un bruit se fit entendre dans le corridor : elle prêta machinalement l'oreille ; mais comme son cœur ne battit pas, Thérèse reprit sa position première. On frappa doucement à la porte.

« — Entrez, Cyprien ; à quoi bon agir en étranger, cher ami ? »

« — Eh bien, mam'zelle Thérèse, vous ne vous êtes pas couchée ? »

« — Si, toute vêtue, un moment vers les minuit ; mais je n'ai pu dormir, et je me suis remise à l'ouvrage. »

« — Pauvre fille, je vous plains. »

« — Ah ! Cyprien, je suis bien malheureuse. Mettez-vous à ma place. »

« — Je reste à la mienne, Mamzelle, répliqua le jeune homme avec un sourire mélancolique, et cela me suffit pour sentir toute votre douleur. »

« — Cyprien, voilà douze jours que Jean-Baptiste n'a paru, après demain tombe son terme ; madame Michel qui ne l'aime pas m'a signifié que, s'il ne soldait pas la quittance à présentation, elle ferait mettre son mobilier en vente. Je sais que dans la maison il y en a qui convoitent cette chambre ; et moi, que puis-je dans cette circonstance ? j'ai ramassé avec tant de peine mes quatorze livres dix sous pour mon propre compte; j'ai mis en gage le reste de mes effets pour vivre depuis que je suis souffrante. O Cyprien! que deviendrai-je si Jean-Baptiste ne peut plus loger auprès de moi?»

«—Il est vrai, Mamzelle, que cela serait bien désagréable pour lui.»

»—J'en ressentirais un chagrin non moins vif. Mais où peut-il être le bon ami? malade sans doute ou noyé dans la Seine. O Dieu! ô mon Dieu! que tu me punis avec rigueur d'avoir failli! Mais que faire? je suis une fille perdue. Jean-Baptiste! Jean-Baptiste! je ne te reverrai plus.»

Cyprien, pendant cette allocution touchante, demeurait debout et immobile devant Thérèse Mortier. C'était un garçon d'une haute taille et aux formes athlétiques; sa figure, gracieusement coupée, frappait au premier abord par la manifestation d'un caractère franc et loyal, et non pourtant dépourvu de sensibilité. Depuis quelque temps une sombre mélancolie dévorait ce jeune homme; il portait au travail une distraction, une insouciance qui ne lui étaient pas ordinaires, et quand il était seul, souvent il s'abandonnait à l'impétuosité de ses transports. A cette heure, et tandis que Thérèse lui parlait, un observateur attentif aurait pu reconnaître qu'un combat violent se livrait dans son âme; un sentiment peu digne lui faisait désirer en secret que la force des choses éloignât Jean-Baptiste de l'objet d'une passion malheureuse; car enfin, lui Cyprien voyait en son ami un rival fortuné; lui aussi adorait Thérèse, l'adorait avec toute l'énergie d'une âme neuve qui n'avait jamais auparavant connu l'amour, et d'un cœur non encore flétri par la débauche. L'homme avec toute sa pureté et toute sa force existait dans Cyprien.

Mais lorsqu'il était prêt à céder à une honteuse frénésie, un choc violent qu'une main inconnue donna à tout son être, le ramena à une plus noble pensée; il se rappela qu'il était l'ami de Jean-Baptiste, que Thérèse avait placé en lui sa confiance; il pâlit à l'idée d'avoir pu la trahir, et relevant sa belle tête avec cette dignité que donne la vertu à toutes les classes, il répara par son propos le tort qu'un amour égoïste avait déjà fait à son honneur.

«—Mamzelle, dit-il, voilà six francs, c'est tout ce que je possède. Demain je touche ma semaine, je vous en donnerai la moitié; quant à ce qui manquera pour achever les vingt-cinq francs du terme de Jean-Baptiste, nous les trouverons sur ma montre; il n'y a pas de prêteuse sur gage qui ne la prenne pour seize francs.»

«—Cyprien, vous voulez que je vous sois toujours redevable. Ah! ce n'est pas Jean-Baptiste que vous obligez; c'est moi, oui, moi seule; vous ne m'enlevez pas ma dernière espérance! vous me faites vivre! et la mort maintenant me serait affreuse, puisqu'il me faudrait mourir doublement.»

«—Quoi! vous êtes aussi malheureuse... Mamzelle, écoutez-moi: Jean-Baptiste reviendra; il est impossible qu'il ne revienne; mais si par un coup du ciel il nous était enlevé, je veux être votre frère, oui, votre frère, Mamzelle, et votre unique soutien. »

La jeune Mortier sentit toute la délicatesse de cette proposition : elle tendit la main à Cyprien.

« — Va pour votre sœur, Cyprien; non pas si Jean-Baptiste est perdu pour moi, car alors je vous serai aussi bientôt enlevée, mais quand il reviendra, quand il pourra reconnaître ce que vous avez fait pour nous. Les amis de votre trempe sont rares, et un frère comme vous ne se rencontre pas souvent. »

« — Adieu, Mamzelle, je vais chez le bourgeois. Tenez-vous tranquille, nous ferons endêver la mère Michel; et Jean-Baptiste reviendra avec les poches remplies de pièces blanches. Il travaille comme un galérien, je présume. »

« — Il aurait dû m'écrire : j'aurais payé avec tant de plaisir un port de lettre. »

« — Il l'aura fait, et la lettre se sera égarée en route. »

« — Dieu l'a voulu, car n'est-il pas vrai que Jean-Baptiste n'est pas mort? »

Cyprien allait répondre lorsqu'une nouvelle personne parut à la porte, qui était restée ouverte : c'était la femme Robillot; à sa vue, Thérèse sentit un frisson parcourir tous ses membres. Cyprien, à qui elle faisait une peur réelle, se hâta de tirer sa casquette en garçon bien élevé, et il partit sans demander son reste.

« — A merveille, la belle fille! dit madame Robillot en s'appuyant sur la commode, tant elle était essoufflée d'avoir monté cinq étages. Quand l'un vous quitte l'autre vous prend. Vous recevez de bonne heure les jolis hommes dans votre chambre? »

L'injustice du reproche n'émut pas Thérèse; elle se contenta de répondre que ce *monsieur* était un voisin qui, en partant pour aller à ses travaux journaliers, était venu lui demander des nouvelles de sa santé.

« — En effet, mon enfant, vous ne me paraissez ni bien portante, ni vermeille; vous étiez mieux la dernière fois que nous nous sommes vus. Est-ce qu'il y aurait déjà du trouble dans le demi-ménage? »

« — Ni trouble ni castille, Madame, répliqua Thérèse avec émotion, mais du chagrin, du désespoir tant que cette chambre peut en contenir. »

« — Et que s'est-il passé? Vous savez que je vous veux du bien : contez-moi l'affaire; je l'aurai bientôt tirée au clair. »

« — L'affaire est simple, quoique pénible : voici le treizième jour que Jean-Baptiste n'est pas revenu. »

« — Quoi! déjà le drôle en aurait eu assez du bonheur d'être aimé par une aussi jolie créature! »

Un cri déchirant échappa à Thérèse, elle joignit ses mains avec véhémence, et la passion nouvelle soulevée dans son âme colora d'un rouge ardent des traits flétris par le besoin et la douleur.

« — Là ! là ! écervelée ! poursuivit la demi-sorcière ; faut-il alarmer toute la maison pour une parole lancée sans conséquence ? »

« — Dites que c'est un mensonge ! un abominable mensonge ! » s'écria Thérèse en s'adressant à l'interlocutrice avec une expression de fureur.

« — Un mensonge ! une conjecture ; ce sera ce que vous voulez. »

« — Dites-moi qu'il est mort..., qu'il est à la geôle..., que sa famille l'a fait mettre à couvert.... Mais infidèle !... Ah ! madame Robillot, qui vous a donné le droit de déshonorer Jean-Baptiste ? »

« — Voilà un maître pendart bien aimé, et selon toute apparence peu digne de l'être, murmura madame Robillot entre ses dents. Allons, Thérèse, soyez plus calme ; pas de colère où elle ne sert à rien. Que voul vous? je ne suis point amoureuse, et je juge les gens selon leurs œuvres. »

« — Et quels torts reprocherez-vous à Jean-Baptiste? N'a-t-il pas été ici le plus doux, le meilleur des garçons? M'a-t-il jamais fait pleurer volontairement? N'est-il pas bon ami, bon fils? Voyons, que pouvez-vous dire contre lui? »

« — Peu de chose, ma fille, peu de chose sans doute, mais assez cependant pour me laisser en droit de me méfier un peu de lui. »

« — Crachez donc votre fiel contre lui du premier coup, méchante que vous êtes; débitez la menterie que vous tenez du premier venu. »

« — Du premier venu! jour de Dieu! le premier venu, lui, le révérend père Poulvant. »

« — Ah! ce prêtre que je vis chez vous. De quoi se mêle-t-il? comment connaît-il Jean-Baptiste? et quelle plainte a-t-il le droit de porter contre lui? »

L'interpellation était directe; madame Robillot ne se pressait pas d'y répondre; fâchée qu'elle était d'abord d'avoir fait une école en compromettant le jésuite déguisé. Certes, en venant chez Thérèse Mortier, elle n'avait pas l'intention de nommer le saint homme; mais attaquée vivement en lui, elle s'était trouvée hors d'état de garder une juste mesure, et, la borne dépassée, la sottise se trouva lâchée complètement. La chose faite, il était plus dangereux de se renfermer dans un silence intempestif. D'ailleurs Thérèse était là debout, la figure enflammée, la main étendue, le corps en avant; toute crainte, tout respect était mort dans son cœur. La devineresse avait perdu son empire; c'était à cette heure une femme ennemie, méchante, vindicative, dont il fallait confondre la fausseté. Quelques paroles autant énergiques que rapides exprimèrent sa pensée, et à son tour, madame Robillot redouta le joli lion courroucé.

«—Je ne m'en dédirai pas, Mademoiselle;

puisque vous voulez tout savoir, cet excellent ecclésiastique vous contera, quand vous voudrez, que cet honnête Jean-Baptiste ce garçon d'honneur et de vertu, n'est point ouvrier colleur, comme il vous l'a dit, et comme vous le croyez sans doute. »

Cette révélation pouvait être importante; mais elle fut adressée à une tête exaltée. Thérèse, au comble de la douleur, avait dépassé dans ses conjectures les bornes du possible, et pour elle c'était peu de chose que d'apprendre un pareil fait; elle se contenta de répondre :

« — Et qui en a tant appris à ce bon monsieur, qui se mêle de mes affaires sans les connaître ? »

« — C'était moi, ma douce belle, moi qui déjà vous aimais comme ma fille, de laquelle vous devez vous plaindre. Je me méfiais de la sincérité de ce bellatre, je craignais qu'il ne vous trompât; et attendu que le père Poulvant va parfois à la police dans l'intérêt du Seigneur, je l'avais prié de prendre des renseignemens au bureau des ouvriers de l'état de votre Jean-Baptiste ; il l'a fait, et on n'a trouvé là pas plus de Jean-Baptiste que sur ma main. Que vous semble de cette aventure ? »

« — Que vous êtes, mère Robillot, plus serviable qu'on ne vous le demande. Est-ce qu'il n'y a pas des ouvriers dont on peut oublier les noms? les pauvres gens ne sont pas assez importans par eux-mêmes pour qu'on les désigne exactement. »

« — Vous avez raison, ma chère, mais tout peut s'éclaircir sans bruit. Demandez à Jean-Baptiste qu'il vous fasse voir son livret. »

« — C'est ce que je ne ferai point ; ce bon ami n'a point exigé, pour m'aimer, que je lui montrasse mon acte de naissance ; il m'a prise telle que j'étais, et moi je le prendrai de même. Je crois ce qu'il m'a dit, et certes, son cœur est trop excellent pour tromper à plaisir une fille tendre et crédule. »

« — Dans ce cas, mettez que je n'aie rien dit; vous êtes avertie, ne venez pas vous plaindre à moi, en cas de malheur. Mais parlons d'autre chose. Mes mouchoirs sont-ils prêts? »

« — Oui, Madame, je viens de finir le dernier. »

« — Voilà du bel ouvrage, Thérèse. »

« — Et du solide, ce qui vaut peut-être mieux. »

« — Je vois qu'il faudra vous donner une douzaine de chemises, d'un beau jeune homme de ma connaissance, qui aime les dames plus que les pièces d'or, et qui, pour baiser seulement cette main tant petite et tant jolie, vous donnerait plus d'argent que vous n'en avez jamais vu. »

Ce propos de la corruptrice ne vint point profaner l'oreille de la jeune fille. Celle-ci depuis quelques secondes éprouvait une agitation extrême; elle sentait l'approche d'un événement extraordinaire. Tou coup elle pousse un cri, s'élance hors la chambre, et va tomber dans les bras Jean-Baptiste enfin de retour.

CHAPITRE VIII.

LE RETOUR DE L'AMANT.

« Le bonheur n'est pas toujours dans le plaisir. »
Anonyme.

Dès que le jeune homme eut paru, la femme Robillot s'empressa de battre en retraite; son esprit tentateur ne pouvait plus se flatter d'avoir de l'influence là où l'amour revenait avec tous ses transports et son impétuosité; d'ailleurs, bien que Thérèse Mortier fût évanouie, il n'y avait là aucun danger: la joie l'avait saisie, le bonheur ne tarderait pas à la ranimer. En effet, et presque avec la même rapidité qu'elle venait de perdre connaissance, elle la reprit à la douce chaleur des baisers ardens de Jean-Baptiste ; ses yeux s'ouvrirent, brillèrent d'un nouvel éclat, et ses bras enlacèrent celui qu'elle croyait ne plus voir, comme pour lui dire : Maintenant que je t'ai retrouvé je ne veux plus m'exposer à te perdre ! Que de mots entrecoupés furent échangés dans le premier instant ! que de questions on adressa dont on n'écouta pas la réponse ! On se revoyait, on s'aimait toujours : c'était là l'essentiel, le reste n'était que secondaire. Cependant lorsque cette première soif de la passion fut apaisée, lorsque les deux amans purent sortir de leur délire réciproque, leurs regards découvrirent bientôt quel ravage avait fait l'absence sur l'un et sur l'autre.

Jean-Baptiste était fort amaigri, ses traits fatigués décelaient combien avait dû être vive sa souffrance physique et morale ; il était faible, pâle, lui aussi, et ses membres tremblaient encore ; il eut besoin de s'asseoir, et prenant place sur un reste de fauteuil de velours jaune, il attira sur ses genoux Thérèse Mortier.

« — Oh ! chère amie, lui dit-il, que tu as été à plaindre ! oh ! combien de larmes amères ont coulé sur cette charmante figure ! Et maintenant encore...»

« — Ah ! laisse-les se répandre, Jean-Baptiste ; leur douceur me dédommage de l'amertume de celles qui les ont précédées. Vois combien je suis laide ; hélas ! ma fraîcheur, ma santé, ma joie, tout était parti avec toi. Mais sois tranquille, tout reviendra puisque tu m'es revenu. Mais toi, je ne suis plus à deviner la cause de ta fatale absence ; ta maigreur, ton abattement, ce teint jaune, ces joues creuses me disent assez que tu as souffert encore plus que moi. »

« — Je ne te peindrai pas tout ce qui, pendant ces douze jours, a torturé mon corps et mon âme ; chaque fois que la violence de la fièvre diminuée me rendait à la connaissance de ma position, je n'avais ni la force ni la possibilité de t'écrire : mes sens étaient complétement affaiblis. Hier encore j'avais le délire, mais la nuit a été bonne, et ce matin, ne pouvant commander à mon impatience, je me suis échappé aux soins de ceux qui m'environnaient, et me voici avançant à grands pas vers ma guérison complète, puisque j'ai pu te voir et te presser dans mes bras. »

« — Fou que tu es, fallait-il, pour me rassurer, exposer ta santé chancelante ! » et en parlant ainsi, Thérèse par un aimable sourire et par un baiser brûlant annonçait à Jean-Baptiste combien elle était heureuse de son peu de raison. « — Mais, poursuivit-elle, où donc as-tu été malade ? est-ce à Paris ou dans quelque campagne des environs ? »

« — Je revenais le soir du dernier jour où je t'avais vue d'achever un travail hors la barrière de Clichy, j'entrai chez un de mes parens que je n'avais point visité depuis long-temps. Il voulut me retenir à souper ; je ne sais si le vin m'incommoda d'abord, ou si le mal préparé depuis long-temps choisit cette heure pour éclater ; tant il y a qu'il ne tarda pas à me saisir avec une telle violence que le délire s'empara de ma tête dès le premier moment; en vain j'essayai de te rassurer sur mon compte, je retombai dans ce fâcheux état, et depuis je n'en suis sorti que dans la journée d'hier. On dit que ma convalescence sera longue ; j'en doute, car il me semble que tes baisers m'ont déjà guéri. »

Le remède était trop doux même à Thérèse pour qu'elle n'en continuât pas le traitement ; un long silence suivit ces dernières paroles : il fut tout donné à l'amour. Jean-Baptiste demanda ensuite sérieusement compte à la jeune fille de l'emploi de son temps ; il voulut tout apprendre, envieux même de connaître l'analyse prolongée des sensations douloureuses de la bonne Thérèse. Avec quel feu celle-ci les lui raconta ! comme elle peignit ses premières inquiétudes, ses angoisses toujours croissantes, ses courses sans but, ses pleurs sans terme, et ce vertige amoureux qui l'avait également égarée ! Elle lui dénombra les heures, les minutes de son attente insupportable; elle n'oublia rien : elle avait besoin de décharger son cœur du poids affreux qui l'oppressait encore.

Avec quelle vivacité surtout parla-t-elle des témoignages de l'amitié sans pareille que Sophie Loblin et Cyprien Aimar lui avaient prodigués ! la première ne l'avait presque jamais quittée ; le second à ses heures de liberté, loin de les employer à se distraire, s'était empressé de courir partout où il pouvait espérer de rencontrer celui qui était absent, l'objet de ses tendres sollicitudes.

« — Quel ami nous avons là, Jean-Baptiste ! quel cœur de roi, et que tu serais à plaindre si tu ne le récompensais pas d'une égale amitié ! Il a fait pour nous plus qu'il ne pouvait faire, et ce matin même, poursuivit Thérèse avec une sorte d'embarras, voyant que j'étais bien tourmentée à raison du paiement de ton terme, il m'a laissé d'abord les 6 francs que voilà sur la cheminée, il devait demain me remettre la moitié de sa semaine, et le pauvre garçon, pour achever de compléter la somme, ne balançait pas à se défaire de sa montre.»

Ces détails produisirent une impression singulière sur celui qui les écoutait: une rougeur rapide colora son pâle visage, et une sorte de dépit éclata dans ses yeux; mais bientôt prenant la parole: «— Oui, Cyprien, dit-il, vaut mieux que moi; c'est un ami rare, et ce ne sera pas ma faute si je ne lui prouve combien je sais aussi aimer. Cependant, ma Thérèse, il ne faut pas qu'il s'épuise pour moi; remercie-le de sa bonne volonté, et voilà de quoi contenter notre propriétaire.»

A ces mots Jean-Baptiste mit la main dans la poche de son gilet, et en sortit plusieurs pièces d'or qu'il jeta sur le tablier de Thérèse. La jeune fille, à la vue d'une somme qui dépassait toutes celles dont elle se formait l'idée, témoigna son étonnement par une exclamation involontaire.

«—Jean-Baptiste, dit-elle ensuite, et d'où

te vient ce trésor? Est-ce à toi, mon ami? Oh! non, cela n'est pas possible; tu n'es pas aussi riche, ou nous serions bien malheureux! »

« — Tu ne veux donc pas croire à mon aisance? répliqua le jeune homme non sans une nouvelle cause d'embarras. Eh bien, tu as raison : tout cet or n'est pas à moi, c'est mon maître qui en est le propriétaire, et je suis chargé de le lui rendre. Cependant, comme je reste son créancier pour du travail fait à son compte, je puis, sans manquer à ma délicatesse, prendre là-dessus ce qui me devient nécessaire. Retiens donc 40 francs, le reste sera pour toi si tu n'as pas aussi ton terme complet. »

« — Grâce à Dieu, mon ami, il est dans le tiroir sans qu'il y manque un centime. Ce n'a pas été sans peine que je suis parvenue à l'amasser; mais enfin je le possède. Quant à ton argent, je ne sais point si je ferai bien de le prendre, car encore il ne t'appartient pas. »

« — Si, si, il est à moi, je te le jure; mon

maître sait que je fais comme cela lorsque j'ai besoin d'être payé. Ce n'est pas la première fois que je mets avant lui la main dans la bourse. »

« — C'est une vilaine habitude, ne t'y laisse pas aller. Que deviendrais-tu, Jean-Baptiste, si, pressé un jour par ta pauvreté, tu n'attendais pas l'époque où ton maître serait ton débiteur ? Je frémis en songeant à ce qui pourrait t'arriver. Contente-toi de ce qui te revient, et ne vas pas en avant : cela porte toujours malheur. »

Il y avait tant de vertu dans cette simple remontrance, que le jeune homme l'écouta avec une respectueuse admiration. Il se disait en lui-même que la pauvre Thérèse lui était bien supérieure ; et, honteux de son infériorité, il baissa la tête et resta un instant sans répondre. Puis cependant, et tandis qu'il reprenait la totalité des pièces d'or :

« — Eh bien, dit-il, puisque tu ne veux pas toucher à ceci, je vais en descendant payer moi-même la portière. Elle ne se plaindra pas de mon inexactitude, puisque mon terme n'échoit qu'après-demain. »

« — Que parles-tu de descendre? demanda Thérèse à son amant. Faible comme tu es, veux-tu courir encore? Non, non, Monsieur, maintenant que je vous tiens je ne vous laisserai plus échapper. Vous allez gagner votre chambre et vous coucher. Je vous soignerai, et il ne dépendra pas de moi que vous ne soyez mieux que chez votre parent. »

« — Ma belle belle, ma charmante Thérèse, n'est-il pas vrai que tu aurais donné tout ce que tu possèdes pour avoir seulement la certitude que je ne t'étais pas ravi pour toujours? Je suis venu, tu m'as vu, il faut maintenant que je parte. On ne sait pas où je suis, je ne veux pas même qu'on le sache. Que trois ou quatre jours se passent encore sans nous revoir, et puis nous nous réunirons pour ne jamais plus nous quitter. »

« — Tu badines, Jean-Baptiste; quoi! tu veux aujourd'hui délaisser ta bonne amie?

cela est impossible, ton cœur n'aura point tant de dureté. »

« — Ne pleure pas, ma chère belle ; ne déchire pas mon cœur par ce désespoir ; il n'est plus de saison : je suis guéri, je le sens, et ta présence m'a rendu tout à la santé ; mais il faut absolument que je retourne dans ma famille, notre bonheur futur en dépend. »

« — Tu me fais peur quand tu me parles avec tant de mystère. Et quels sont ces parens que j'ignorais et qui te sont si chers? tu ne me les avais pas fait connaître ; je te croyais comme moi enfant perdu au milieu de Paris. »

« — Quand je suis avec toi, ma Thérèse, je ne pense guère à ce qui est hors de nous ; je ne m'occupe ni de mes travaux ni de ma famille, et pourtant la mienne est digne de tout mon amour. »

« — Ton père, m'as-tu dit, habite loin d'ici ? »

« — Et j'ai eu tort de te le dire. C'est chez

lui que je devrais être, puisqu'il faut tout avouer, car il demeure comme nous dans cette ville. »

«—Et tu t'es séparé de lui? cela n'est pas bien, Jean-Baptiste; non, cela n'est pas bien: il me semble que, sous les yeux de ton père, ta conduite serait meilleure. On prend toujours pour des vagabonds les enfans qui font à part leur ménage quand ils n'ont pas avec eux leur femme. Entends-tu ce que je te dis là? Je te fais peut-être de la peine; celle que j'éprouve n'est pas moindre, mais je t'aime trop pour te parler autrement que selon ma conscience. »

« — Et moi, Thérèse, moi qui chaque jour te chéris davantage, je ne pourrais vivre si je n'étais pas plus souvent auprès de toi. Sais-tu que tu es la compagne de mon choix, la femme que j'ai le plus désirée, celle qui remplit tous mes rêves de bonheur? Non, je ne me séparerai pas de toi; si je le fais à cette heure, c'est par respect pour mon père, c'est afin de le tranquilliser. Laisse-moi remettre entièrement, et puis je recommencerai avec toi une série de prospérités, et nous continuerons à être heureux ensemble. »

« — Est-il seul, ton père? »

« — Ma mère est avec lui. »

« — Tu as aussi ta mère? oh! Jean-Baptiste, Dieu ne t'a pas maltraité. Et es-tu leur seul enfant? »

« — Une sœur bien douce, bien bonne, bien naïve, comme toi enfin, ma Thérèse, a un droit égal à leur tendresse. »

« — Mon ami, que je voudrais la voir ta sœur, être son amie! Crois-tu qu'elle m'aimera? »

« — Et qui ne t'aimerait point lorsqu'on pourrait te connaître? »

« — Fais-moi trouver avec elle aux Champs-Elysées, au Port-à-l'Anglais, au Gros-Caillou, où tu l'entendras. »

« — Ce n'est guère facile, mes parens sont sévères, et ma sœur ne sort jamais. »

« — Vraiment, je la plains si elle n'est pas heureuse. »

« — Elle l'est, mais à sa manière, différemment de toi. »

« — Je ne la rencontrerai donc jamais? »

« — Un temps arrivera qui, sans doute, vous mettra en présence. »

Thérèse comprit à quel temps son ami faisait allusion, et elle sourit de plaisir. « — Jean-Baptiste, dit-elle, tu m'en as appris beaucoup aujourd'hui; que de réflexions je ferai quand je serai seule! Adieu donc, puisqu'il faut que tu partes; adieu, songe que je ne respirerai librement qu'après ton retour. »

Le jeune homme, sans lui répondre, la reprit de nouveau dans ses bras; leurs bouches se rapprochèrent, et plusieurs minutes s'écoulèrent tandis qu'ils demeuraient plongés dans une mer de pures délices. Il fallut enfin se séparer. Jean-Baptiste regagna péniblement l'escalier, et sa faiblesse fit qu'il le descendit avec peine; il parvint devant la loge, et là, avec un son de voix impérieux, il traita avec la mère Michel de l'affaire de son terme.

La femme, qui ne l'aimait pas, dit, en lui remettant la quittance : « Etes-vous, monsieur Jean-Baptiste ? toujours colleur de papier ? il y en a qui prétendent que ce n'est pas là votre profession véritable. »

Jean-Baptiste à ces mots recula de surprise; mais surmontant sans peine une légère inquiétude :

« — Mon argent est-il de poids, madame Michel ? demanda-t-il; c'est là, je crois, tout ce qui doit vous occuper à cette heure. Mêlez-vous de vos affaires, ou je porterai directement mes plaintes à M. de Saint-Thomas. »

Il y eut quelque chose de si impérieux, un ton de commandement fut déployé avec tant de supériorité dans les paroles du jeune homme, que la portière en demeura frappée ; elle regarda Jean-Baptiste avec des yeux inquiets comme si elle se fût attendu à le voir quitter ses modestes habits pour revêtir une parure brillante.

« — Là, là, méchant garçon, dit-elle enfin. Faut-il prendre la mouche pour si peu de chose? On jase avec vous de ce que répètent les mauvaises langues du quartier, voilà tout; et si vous aviez à vous en prendre à quelqu'un, adressez-vous à madame Robillot, car c'est elle qui vient de laisser ce paquet dans ma loge en descendant de chez mademoiselle Mortier.»

Jean-Baptiste, satisfait de savoir à qui il fallait attribuer une découverte qui le troublait quelque peu, s'éloigna sans répondre, bien décidé à se plaindre à la sorcière de ses propres commérages.

Thérèse, demeurée seule, ne put d'abord classer dans sa jolie mais faible tête tout ce que son amant y avait fait germer; elle resta long-temps comme perdue dans un dédale de réflexions, et pour la première fois un léger sentiment de défiance vint attrister son cœur; non qu'elle doutât de celui de Jean-Baptiste, mais elle faisait la découverte avec douleur de son défaut de sincérité complète. Il l'avait trompée sur la position réelle de sa famille, et peut-être aussi sur le métier qu'il avait embrassé. Ceci la chagrinait au dernier point; la douce fille ne concevait pas l'amour vrai sans une entière franchise.

Cependant d'un autre côté l'objet principal de sa peine n'existait plus; son amant avait reparu, elle l'avait vu, elle était certaine de le revoir encore ; et si sa maladie se prolongeait, ce serait au sein de sa famille et les secours ne lui manqueraient pas. Ce fut en passant de l'une à l'autre de ces idées qu'elle continua son travail; sa main devenait plus légère parce que son cœur était moins chargé; elle essaya même les premières mesures de sa chanson favorite, et elle chantait encore lorsque Sophie entra toute surprise d'une gaieté que le matin elle n'espérait pas. Mais elle était femme, et grâce à la délicatesse exquise du tact de son sexe, elle n'hésita nullement à dire à son amie:

« — Tu as vu Jean-Baptiste? »

« —Oui, ma Sophie; il est venu, il m'a tenue sur ses genoux pendant une heure, et il ne tardera pas à reprendre sa vie ordinaire;

mes inquiétudes ont disparu, je ne dois plus avoir que du bonheur. »

Un soupir pressé sembla donner un démenti à ces dernières paroles. Sophie ne s'en aperçut pas. Joyeuse de la bonne nouvelle quelle venait d'apprendre, elle n'était point de force à bien apprécier toutes les nuances de sentiment ; une seule idée alors la saisit, celle de savoir pourquoi le jeune homme était resté douze jours sans se montrer. La réponse ne se fit pas attendre ; on conta à la jolie couturière la maladie dans toutes ses époques, on lui représenta trait pour trait l'état physique de Jean-Baptiste ; car Thérèse avait tout examiné, tout remarqué et mis en ordre dans les cases d'une mémoire qui a ses registres dans le cœur.

Le reste de la journée s'écoula dans mille causeries différentes. La douleur de Thérèse évanouie, sa joie ne tarda pas à se montrer, et Cyprien Aimar à son retour de l'ouvrage partagea aussi un contentement dont il avait besoin : il aimait son camarade, et il se sacrifiait au bonheur de cet ami.

« — Grand merci, Cyprien, tant en mon nom qu'en celui de Jean-Baptiste, de votre bonne volonté, dit Thérèse. Par bonheur il n'est pas nécessaire de vous saigner au blanc à notre profit ; il a apporté avec lui plus d'argent qu'il n'en fallait pour payer son terme. Reprenez vos six francs, mais croyez à notre reconnaissance éternelle. »

Cyprien ne fit pas ces façons en usage dans le grand monde, il n'annonça même point cette prévision fastueuse de la possibilité d'un autre service à venir ; comme sa bourse était en permanence la propriété de ses amis, il trouvait inutile d'en assurer ceux-ci trop souvent.

On avait beaucoup jasé, dans la maison de M. de Saint-Thomas, de l'absence prolongée du jeune ouvrier ; les propos du quartier n'avaient pas été moins actifs. Mademoiselle Séphas, quelque peu brouillée avec la petite Loblin, revint à Sophie par désir de curiosité et pour la questionner sur le compte de Jean-Baptiste. Sophie ne savait rien, elle ne put rien dire; mais on la soumit à une question extraordinaire, quand la renommée empruntant les langues bien affilées des femmes Robillot et Michel, eut répandu la *nouvelle surprenante du retour imprévu d'un particulier très-connu dans Paris.*

Mademoiselle Séphas était impérieuse; Sophie Loblin, accoutumée presque à la respecter, ne lui cacha rien de ce qu'elle tenait de Thérèse, et avant peu on sut aux environs que le père de Jean-Baptiste était riche, et que son fils, qu'il avait chassé de chez lui pour cause de mauvaise conduite, aurait néanmoins en mariage au moins 30,000 francs. J'exprimerais mal combien le mensonge qui faisait un artisan riche d'un simple ouvrier fut nuisible au jeune homme; il éveilla d'une part la jalousie, et de l'autre il excita la cupidité de mademoiselle Séphas. Désormais, pensait-elle, sa passion n'aurait plus besoin d'être cachée à madame sa mère. La vieille marchande de chapeaux verrait-elle avec peine l'amour de sa fille pour un Crésus de vingt-trois ans? En conséquence elle dressa ses batteries pour en venir à ses fins, et comme elle connaissait l'attachement sincère que Sophie portait à Thérèse, elle se décida, tout en conservant la première pour la fourniture des renseignemens, de se choisir une autre confidente, et en personne prudente elle jeta le gant à la sorcière de la rue Frépillon. Je rapporterai dans un autre chapitre ce qui eut lieu à ce sujet; maintenant un autre soin me presse: je suis impatient d'aller rejoindre dans son hôtel le jeune vicomte Adolphe de Nertal, que j'ai laissé dans le délire ardent d'une fièvre malfaisante; celui-là est encore un de mes héros que je ne puis long-temps abandonner.

CHAPITRE IX.

LE PÈRE DE FAMILLE.

Indulge veniam pueris.
JUVÉNAL, *satire* VIII.

« Il faut de l'indulgence envers la jeunesse. »

PLUSIEURS jours s'étaient écoulés depuis le premier qui avait obligé le vicomte de Nertal à se constituer malade. La force de son tempérament et la violence de ses passions, loin de l'aider dans une circonstance pareille, n'avaient fait que donner de nouveaux alimens à la fièvre, et le délire d'un accès succédait presque sans interruption à celui de l'accès précédent. Toute la faculté de médecine de Paris fut convoquée dans ses principaux membres dès le lendemain du début de cette indisposition véhémente, et le pieux docteur Simonier eut à offrir à Dieu la douleur d'être contraint de consulter, avec d'habiles confrères sans doute, mais qui n'ordonnaient pas des neuvaines, et encore moins faisaient partie de la congrégation. Messieurs les docteurs raisonnèrent beaucoup, trouvèrent vingt causes au mal sans soupçonner la véritable, ordonnèrent des remèdes d'un effet positif, et la fièvre irrévérencieuse continua son cours.

Le comte et la comtesse de Nertal ne quittaient plus, ainsi que leur fille, la chambre d'Adolphe, et une fois par jour la marquise venait au retour de la messe, y faire une visite solennelle. « Mes enfans, dit-elle vers le quatrième jour de la maladie, vous êtes chrétiens, et vous avez pleine confiance dans les secours de la religion. »

« — Eh bien ! ma mère, dit la comtesse alarmée de ce préambule, où voulez-vous en venir ? est-ce que le docteur aurait condamné Adolphe ? »

« — Non certainement, ma fille, il n'en a rien dit ; mais mon directeur, le père Poulvant, que l'honneur de notre maison anime, me faisait observer ce matin que les impies attendent seuls aux derniers momens pour remplir ou faire remplir par leurs proches des devoirs spirituels que l'église nous ordonne impérieusement. »

Ce propos déchira l'âme de la comtesse, et M. de Nertal, cachant avec soin, sous sa gravité accoutumée, combien lui-même en était anéanti, répondit à sa mère qu'il n'était guère possible de donner un confesseur à qui ne possédait qu'imparfaitement sa raison.

« — Le docteur, reprit la marquise, nous fera connaître le moment où Adolphe pourra recevoir la visite du père Poulvant, et je vous recommande de le lui demander dès qu'il arrivera. »

La vieille dame partit dès après avoir dit ces derniers mots, et quand la comtesse rentra, en revenant d'accompagner sa belle-mère, elle fut se jeter toute en larmes dans les bras de sa fille, qui sanglotait déjà. Vainement M. de Nertal essaya de leur donner à toutes les deux le courage qu'il avait lui à l'extérieur seulement; elles ne purent l'écouter, et le désir, manifesté sans précaution, de la vieille marquise leur parut l'arrêt fatal de la mort de leur fils et frère. Le docteur arriva sur ces entrefaites; le comte de Nertal se hâta de le prévenir de ce qui se passait, et de lui demander son avis.

M. Simonier était certainement le plus saint parmi tous ses confrères; mais il n'était pas encore à cette hauteur de perfection où l'on est dépouillé entièrement du vieil homme; aussi lui perpétuellement empressé dans toutes les circonstances, d'avertir les parens de recourir aux secours divins, lors même que ceux de la médecine peuvent suffire, agit ici différemment, tant son caractère de dévot se trouva piqué de la promptitude avec laquelle le directeur de la marquise avait empiété sur ses droits; il prit un air digne, croisa les mains, leva les yeux au ciel.

« Grâce à Dieu, monsieur le comte, dit-il ensuite, je sais que mon devoir est de veiller également à la santé de l'âme comme à celle du corps, et nul, depuis le retour de l'adorable famille de nos princes, ne m'accusera d'avoir manqué à cette double obligation; mais dans le cas actuel, lorsqu'une fièvre violente mais sans péril, et qui se dissipera par le seul aide d'un traitement facile, agite momentanément la santé du vicomte votre fils, convenait-il que sans motif quelconque, je vinsse porter la terreur dans votre famille, désoler madame la comtesse, que je vois là désespérée ainsi que mademoiselle sa fille? Mesdames, poursuivit l'habile docteur en s'approchant d'elles, rassurez-vous; quelques jours encore, et notre cher malade nous sera rendu. »

Ces paroles consolantes descendirent délicieusement dans l'âme de madame de Nertal et de Régine; le comte ne fut pas insensible à leur douceur, et la vivacité avec laquelle il sera les mains de M. Simonier prouva à celui-ci qu'il avait agi avec plus d'art que le brusque directeur. La comtesse rassurée se hâta d'aller faire art du propos du docteur à la marquise : celle-ci était dans ce moment avec le père Poulvant; tous les deux écoutèrent le récit, et puis le jésuite en hochant la tête :

« — Il me fallait vous entendre, Madame, pour me convaincre que M. Simonier, abandonnant la bonne route, commence à se lancer parmi les tièdes. Pense-t-il marcher droit au salut par ces vaines considérations ? J'admets avec vous que votre fils ne soit point en péril; l'y mettrons-nous en l'engageant à purger sa conscience? non sans doute, et bien vous ferez de suivre mon avis. »

Ceci était une autre thèse, et la comtesse, pieuse et pleine de foi, ne voulait plus s'opposer à ce qui pouvait édifier la maison ; il lui suffisait d'être certaine que son fils ne courait aucun danger. Elle entra de bonne grâce dans les désirs de l'abbé, et lui donna pleine permission de parler lui-même des choses saintes à Adolphe dès que celui-ci aurait recouvré ses esprits. Pendant ce temps le jeune d'Erbeuil le colonel Mongervel, M. Dolmer, habitués de l'hôtel de Nertal, se succédaient dans la garde journalière du malade, et entre eux étaient convenus que la convalescence du vicomte serait célébrée au Rocher de Cancale par un splendide déjeuner. Cette convalescence paraissait prochaine. La fièvre disparut le onzième jour, et le lendemain Adolphe fut seulement d'une faiblesse extrême ; il reçut cependant la visite de ses amis, de son aïeule, et celle du duc de Gespart, qui chaque jour n'avait pas manqué de venir savoir lui-même des nouvelles de la santé de son neveu. Honorie accompagnait son père, et si elle n'entrait point dans la chambre de son cousin, du moins adressait-elle à Régine et à son sujet les questions les plus multipliées et les plus minutieuses.

Le quatorzième jour de la maladie, et tandis que le vicomte de Nertal, singulièrement affaibli, mais sans fièvre, venait de faire ouvrir les rideaux de son lit vers les sept heures du matin, son père entra dans la chambre. Les mouvemens du comte étaient en général graves et compassés, il y avait de la dignité dans ses moindres gestes, et une sérénité majestueuse reposait sur son front que les passions ne troublèrent jamais. Tel il était ordinairement, tel, et plus solennel encore, il se montra dans le moment. Adolphe, en jetant les yeux sur lui, ne put se dissimuler que quelque chose d'important occupait son âme, et, sans pouvoir deviner ce qu'il en était, lui-même demeura singulièrement agité.

Le comte s'approcha de son fils, et, du ton le plus tendre, le questionna sur la manière dont il avait passé la nuit.

« — Bien mieux que les précédentes, mon père, répondit Adolphe ; il me semble que chaque heure me donne une nouvelle vigueur. »

« — Plaise à Dieu, mon fils, que cela continue ! vous marcherez alors avec rapidité vers une guérison entière ; elle est l'objet de tous mes vœux. »

Après ces premières paroles, le comte hésita, parut embarrassé, fit quelques pas dans la chambre ; puis, s'adressant au domestique du vicomte qui achevait de frotter un meuble : « Joseph, lui dit-il, passez dans une autre pièce, vous reviendrez lorsque je vous appellerai. »

Tandis que le valet obéissait, un coup terrible frappait Adolphe au milieu de son cœur ; il ne douta plus que son père ne voulût avoir avec lui une explication embarrassante. Mais, comme il ignorait encore sur quoi elle porterait, il éprouva toutes les angoisses de cette incertitude la plus cruelle parmi les vagues souffrances. M. de Nertal prit un fauteuil, le plaça en face du lit, et après s'y être assis :

« — Adolphe, dit-il, l'amour que je vous porte ne me permet pas de retarder plus long-temps un entretien que je désire avoir avec vous. »

Il s'arrêta un instant comme s'il eût attendu une réplique ; mais comme Adolphe n'avait pas été interrogé, il ne se crut pas dans la nécessité de répondre. Le comte peu après continua son propos.

« — Vous connaissez, mon fils, aussi bien que moi, les maisons dont vous sortez, nobles, anciennes toutes les deux, alliées aux plus grandes familles du royaume. Vous retrouvez tous vos parens dans les sommités de la plus haute société ; le sang que nous vous avons transmis a toujours été pur, c'est-à-dire qu'il a coulé sans interruption dans des veines d'honnêtes gens ; car, pour moi, la vraie noblesse est synonyme de vertu, et je ne reconnaîtrais pas pour gentilhomme un prince qui serait vicieux. Ce préambule est long, j'aurais voulu vous l'épargner, mais il m'a semblé nécessaire. Maintenant, et en apparence, je vais le terminer par une question bien niaise ; néanmoins, mon fils, je dois, parce que je veux être franc avec vous, vous prévenir de bien mûrir votre réponse. Vous ne vous attendez certainement pas aux conséquences que j'en tirerai. Vous êtes attaché à la personne du meilleur des princes ; tenez-vous à honneur le poste où la bonté du roi vous a placé ? »

« — A honneur, mon père, vous répondrai-je sans hésiter ; à grand honneur et à gloire : j'ai eu trop l'occasion de connaître les vertus publiques et privées de son Altesse, pour ne pas être fier et heureux de lui appartenir. »

« — Prenez garde, Adolphe, que vous avez établi vous-même le terrain sur lequel nous marcherons. »

« — Grand merci, mon père, de votre avertissement; je maintiens néanmoins ce terrain; il est bon, il est solide, je ne crains pas d'y être poursuivi. »

« — Dieu le veuille, mon fils! et votre père non-seulement le désire, mais en conserve l'espérance. Eh bien, Adolphe, plus son Altesse mérite votre amour non moins que votre fidélité, plus elle a droit à vous imposer envers elle des devoirs qui, dignement observés, justifient aux yeux du monde la préférence dont vous êtes l'objet. »

« — Je pense encore comme vous sur ce point, mon cher père; je me flatte que ma vie à venir ne rejaillira jamais désagréablement sur le prince. »

« — En êtes-vous bien certain, mon fils? croyez-vous que la vivacité de l'âge, l'entraînement des passions, la faiblesse de vos sens ne vous jetteront jamais dans des positions difficiles dont vous ne sortirez pas sans embarras? »

« — On ne peut, Monsieur, répondre des

coups de la destinée, mais je puis répondre des sentimens de mon cœur. »

« — Cela, cher enfant, sera déjà beaucoup : plaise à la Providence que ce cœur ne s'égare jamais cependant ! et laissez à votre meilleur ami, à celui qui vous aime au point de vous sacrifier jusqu'à sa réputation, laissez-lui, dis-je, le droit de vous manifester à ce sujet une légère crainte. J'ai peur de vous offenser en vous exprimant toute ma pensée ; mais vous êtes, mon fils, un autre moi-même, et vous savez qu'il y a des momens où l'on cause franchement avec soi : c'est ici le cas. N'y a-t-il rien, Adolphe, dans votre conduite actuelle dont vous ayez à rougir ? »

« — Non, mon père. »

« — Le ciel vous entende, Adolphe, avec autant de joie que votre père, et surtout avec autant de confiance ! Maintenant que vous m'avez répondu comme je le souhaitais avec toute la force de mon âme, maintenant que je suis sûr de vous, car la parole de mon fils m'est sacrée, je vous prie de m'écouter encore. Vous êtes jeune, vous l'avez été davantage. Jeté dans le monde, il est certain que vous y commîtes des étourderies, des enfantillages qu'on ferait mieux d'éviter, mais qui ne flétrissent pas. Je me suis aperçu que ce délire passager ne vous charmait plus; vous avez de vous-même changé de conduite, réglé autrement votre vie en vous livrant au commerce des beaux-arts: votre aïeule, votre mère en ont conçu des inquiétudes; elles vous voient avec peine en rapports journaliers avec des gens dont l'éducation n'est pas la vôtre. Ceci est peu de mal; les hommes, ainsi que je vous l'ai dit plus haut, se pèsent à leurs actions, et pas à leurs manières. Je sais bien que vous ne perdrez pas vos habitudes de galanterie et de politesse aisée. »

« — J'ose encore vous en assurer, mon père. »

« — Mais, Adolphe, m'assurerez-vous aussi que, placé au milieu d'un cercle dont les idées ne sont pas les nôtres, vous ne finirez pas par les adopter toutes? Si l'inégalité des rangs n'est pas dans la nature, elle est trop dans la société pour la braver en toutes ses règles. C'est ici où je ne suis pas sans inquiétude à votre égard. »

« — Mon père! »

« — Mon fils, je ne puis préciser contre vous en ceci aucune accusation en forme; je ne sais rien qui vous soit défavorable, et cependant je suis loin d'être sans crainte. Il y a dans votre conduite régulière quelque chose d'obscur, de mystérieux qui ne me met pas à mon aise. Où en serions-nous si, par exemple, je vous demandais les motifs de votre sortie d'hier? »

« — Mon père! »

« — Rassurez-vous, Adolphe; ne redoutez point de moi une question directe qui vous placerait dans la cruelle alternative ou de briser mon cœur, ou de vous faire prononcer des paroles ambiguës. Le fait est vrai; c'est lui que je veux établir. Vous êtes sorti de votre chambre à sept heures du matin; vous avez pris un fiacre au coin de la rue des Saints-Pères, et à neuf heures vous êtes rentré par la petite porte du jardin. Ainsi, mon fils, lorsque vous sortiez à peine de la série de vos accès, lorsque les ménagemens les plus sages vous sont nécessaires, vous avez joué à pair ou non une santé si précieuse à votre famille. Et votre sortie quel en était le motif? je l'ignore. Vous n'avez paru, tout m'en répond, ni chez vos amis ni chez le duc de Gespart, et cependant votre première visite devrait être pour Honorie. »

Le comte de Nertal, en prononçant cette dernière phrase, se leva; il fit de nouveau, à deux ou trois fois, une sorte de promenade dans la chambre, tandis qu'Adolphe, saisi d'une sueur glacée, foudroyé d'ailleurs plus qu'à demi par ce que son père venait de lui dire, restait sans mouvement, incapable surtout de parler, et attendant d'une question dernière, si elle lui était adressée, une sorte d'arrêt de mort. Le comte s'arrêta enfin, revint vers le lit, et ne s'asseyant plus, mais s'appuyant contre le fauteuil, soutien que la pâleur répandue sur son visage rendait nécessaire, il reprit la parole.

« — Je ne dois pas vous laisser accuser qui que ce soit de m'avoir révélé votre démarche imprudente : c'est moi seul qui vous ai vu ; je revenais d'une course entreprise dans votre intérêt, et c'est de loin, à cent pas de distance, que mon œil troublé vous a reconnu montant en voiture. Je voulais en douter, je suis rentré, et pourtant je ne me suis pas senti le courage de venir vous demander dans votre appartement ; il m'a été facile de reconnaître au calme de l'hôtel que votre étourderie était inconnue. J'ai été rejoindre votre mère, et, par un détour que Dieu pardonnera, je l'ai engagée à partir pour la messe avant que de passer chez vous ; dès qu'elle a été éloignée, j'ai été prendre place à ma fenêtre dans la persuasion intime que vous rentreriez par le jardin, à la faveur de la protection des charmilles. Je ne me suis pas trompé. Voilà tout, mon fils ; maintenant un mot encore, et nous aurons épuisé ce chapitre si pénible pour nous deux : vous savez que vous êtes destiné à votre cousine; il y a six ans que ce mariage est arrêté entre nous et votre oncle, il y en a quatre que vous en avez connaissance; vous y donnâtes votre consentement dès le premier jour; un gentilhomme, un homme d'honneur n'a que sa parole, et vous Adolphe..... Adieu, mon fils, n'oubliez pas que toute la joie de votre père repose dans la noblesse de vos sentimens. »

Le comte de Nertal sortit après avoir fait connaître ses désirs et sa volonté, et son fils, terrassé sous la violence d'un tel coup, retomba sous le poids de la fièvre cruelle qui l'avait abandonné.

CHAPITRE X.

L'AMOUR A RECOURS A LA SORCELLERIE.

« Que la passion est superstitieuse ! »

LE NOBLE.

JEAN-BAPTISTE, dans sa rapide apparition à sa jeune amie, s'était montré trop peu avancé vers sa convalescence pour que Thérèse crût qu'il ne tarderait pas à revenir : elle avait compris, non sans peine, que l'amour lui avait fait commettre une imprudence ; elle ne s'alarma donc pas complétement lorsque quelques jours se furent écoulés avant son retour : toute son inquiétude se porta seulement sur l'état de sa santé : elle le soupçonna repris encore du mal qui ne l'aurait quitté que momentanément, et dans cette hypothèse elle n'en fut guère moins affligée. Le troisième jour une petite lettre, écrite sur du papier grossier, lui fut remise : elle était de Jean-Baptiste qui conjurait Thérèse de se tranquilliser. Il souffrait peu, lui disait-il, mais sa faiblesse était extrême ; elle seule le retenait encore au lit, et l'empêchait de voler dans ses bras. Le lendemain une autre lettre apporta la continuation du bulletin précieux, et du moins, si la jeune Mortier ne voyait point son amant, un voile impénétrable n'était plus placé entre elle et lui. Les forces de Jean-Baptiste se rétablissaient, et déjà il pouvait fixer l'époque prochaine à laquelle il reviendrait goûter les douceurs de sa vie accoutumée.

Ces missives courtes et brûlantes étaient lues soit à Sophie Loblin, soit à Cyprien

Aimar; la première les écoutait avec une curiosité naïve, le second avec une grande attention; chaque expression partie d'un cœur vraiment épris ou faisant entendre les transports d'un amour heureux, raisonnait douloureusement dans son cœur; mais toujours supérieur à sa passion malheureuse, il la contraignait à le dévorer en silence.

Une seule chose blessait cette âme élevée dans sa simplicité : c'était le mystère dont Jean-Baptiste était environné ou s'environnait lui-même. La renommée n'avait pa tardé à lui apprendre ainsi qu'à Sophie l découverte au sujet de son ami, et dont l portière s'était empressée de faire part tous ceux de la maison, que l'on ne troi vait pas le nom du jeune homme pa ceux des ouvriers de sa profession, et pu l'ignorance où celui-là laissait sur sa demeu véritable et Thérèse et lui-même Cyprie

« — Je conçois bien, disait-il à Sophi qu'il ne veuille pas que mamzelle Morti aille le voir, mais moi ne pourrais-je aller m'informer de sa santé? Son père, sa mère trouveraient-ils mauvais que leur fils eût un bon garçon qui lui soit attaché? tout ce mic-mac me déplaît; moi, qui ne vais que par un chemin, je n'aime guère les routes de traverse, et je m'en expliquerai avec Jean-Baptiste la première fois qu'il nous reviendra.

Tandis que ces choses avaient lieu dans les mansardes de la maison de M. de Saint-Thomas, mademoiselle Clorinde Séphas était venue trouver furtivement la devineresse. Celle-ci prenait le soin en ce moment de nettoyer un vieux tableau dans le repos de son arrière-boutique; son œil exercé reconnut une jeune fille à la légèreté de la marche de mademoiselle Séphas, et un instant elle eut la pensée que Thérèse venait la voir et chercher l'ouvrage qu'elle lui avait promis. Cette visite dans la circonstance présente lui faisait grand plaisir, car elle voulait commencer à l'égard de la grisette un cours de séduction dont elle espérait un grand profit; elle éprouva donc une sorte de désappointement lorqu'au lieu de Thérèse elle se vit en face de la fille de l'ex-crieuse de vieux chapeaux. Quelle que pût être sa pensée, elle n'eut garde de la manifester ; prenant au contraire une mine riante et satisfaite, elle accueillit de son mieux la nouvelle-venue.

« — Eh ! bonjour, ma chère demoiselle ; vous êtes rare chez moi, et pourtant c'est avec une joie sincère que l'on vous y voit arriver. J'ai dans ce moment de bien jolies nipes à vous montrer, c'est comme neuf, et quand vous les porterez on ne dira point que vous en avez fait emplette dans les fouillis du Saint-Esprit. »

« — Je ne doute pas, lui répondit Clorinde, que vous ne soyez bien assortie ; aussi vous donnerais-je toujours la préférence si ma mère parfois ne me contrariait : elle veut que j'achète chez ses amies.... »

« —Et j'ai le malheur de n'être point dans leur nombre, je sais cela. La voisine Séphas me garde une rancune qui date de loin ; nous avons été jeunes ensemble, et elle est encore à m'en vouloir de ce qu'un joli garçon..... Mais cela ne vous regarde en aucune manière ; vous prenez peu d'intérêt aux histoires du temps passé, vous avez raison: ce qui est est vieux ne vaut plus rien, hors le linge que je raccommode avec soin, et ce tableau, par exemple, qui vaudra son pesant d'or lorsque je l'aurai soumis à une restauration complète.

«—Est-il vrai, madame Robillot, que ma mère a eu des intrigues dans sa jeunesse?»

« — Des intrigues, mon enfant? et à qui pouviez-vous mieux vous adresser pour le savoir? Elle en a eu de ma connaissance, une, deux, trois, quatre, cinq ; oui, tout autant : le grand-vicaire de Saint-Jean-de-Latran, le mousquetaire gris, le gros racoleur, le petit abbé..... Que sais-je encore? Allez, allez, pour tant que vous fassiez des vôtres, vous n'arriverez pas au point où nous sommes parvenues la chère mère et moi. »

«—Voilà comme l'on est injuste : on fait soi-même tout ce qui plaît, et puis on ne veut rien souffrir de ce qui ne vous touche pas. Ma mère me tuerait sur la place si j'avais un seul amoureux, et cependant, madame Robillot, une jeune fille s'ennuie beaucoup dans la solitude.»

« — A qui le dites-vous ? ne suis-je pas la confidente de toutes celles du quartier ? Et vous, pauvre enfant, vous êtes donc à passer votre temps sans savoir que faire ? »

« — Je suis bien malheureuse de tout point ! s'écria mademoiselle Séphas en laissant échapper de ses yeux un déluge de larmes ; oui, je suis bien malheureuse, et me regarde comme perdue si vous ne venez à mon secours ! »

L'imagination de la devineresse fit un rapide chemin dès qu'elle eut entendu ces paroles ; elle dépassa même la vérité, et en conséquence de ce qu'elle croyait, la femme Robillot, déguisant sous un intérêt apparant sa joie maligne, prit la main de la belle éplorée.

« Est-il possible, mon enfant, que vous ayez fait la grande sottise... »

A cette question indirecte, l'orgueil légitime de Clorinde Séphas s'éveilla, ses larmes cessèrent de couler; elle leva la tête avec fierté, et d'un son de voix indigné elle nia ce que préjugeait la devineresse. « — Grâce à Dieu, dit-elle, les choses sont moins fâcheuses pour moi; j'aime un jeune homme, et lui ne m'aime pas; je voudrais lui devoir mon bonheur, et je lui répondrais du sien. »

« — A la bonne heure, il y a moins de peine à raccommoder l'affaire. Et quel est l'imbécile qui donne une telle preuve de mauvais goût? Est-ce que vous n'êtes pas la plus jolie fille et la demoiselle la plus riche du quartier? »

« — C'est Jean-Baptiste, c'est le bon ami de la petite Mortier. »

« — Ce freluquet, cet écervelé de bonne mine? le drôle a un sort pour faire tourner les têtes. Cependant, mademoiselle Séphas, si vous vouliez m'en croire, vous le laisseriez tranquille sans plus vous occuper de lui; on ne sait au fond ce que peut être ce jeune homme : il se fait passer pour colleur de papier, et il ne l'est pas. »

« — Ce que je sais, c'est que ses parens sont fort riches ; on dit que son père lui donnera trente mille francs en le mariant. »

« — Trente mille francs ! et qui dit cela ? »

« — Tout le monde. »

« — Mais encore... »

« — Sophie Loblin, en particulier. »

« — Et vous vous arrêtez aux propos de cette insolente créature ? D'où connaît-elle la famille de Jean-Baptiste, je vous le demande ? »

« — D'où ? je n'en sais rien ; ce qu'il y a de certain, c'est que j'aime ce jeune homme, et que vous, qui avez tant de secrets merveilleux, si vous en employez un pour que je sois sa femme, je vous récompenserai généreusement. »

« — Je ne suis pas avide, mademoiselle Clorinde : je me contente d'un gain légitime, surtout lorsque les personnes me plaisent, et je vous chéris, soyez-en sûre. Sans doute j'ai des recettes infaillibles ; mais elles coûment cher à mettre en jeu, et votre bourse n'est peut-être pas bien garnie. »

« — Ecoutez, madame Robillot, dit Clorinde en regardant avec soin autour d'elle et en se rapprochant de celle-là, écoutez un secret dont j'ai jusqu'à ce jour dérobé la connaissance à qui que ce soit au monde : parmi les vieux chapeaux que l'on nous a vendus, un avait appartenu à un bon pauvre, qui depuis je ne sais combien d'années demandait l'aumône à la porte de Saint-Eustache ; ce chapeau tomba dans mes mains pendant l'absence de ma mère ; je devais le dépouiller de sa coiffe encore bonne, et quand j'eus enlevé celle-ci, je trouvai par-dessous, entre elle et la calotte, un gros billet de cinq cents francs, billet de banque, je m'y connais, et de cours à Paris ; je gardai pour moi ma trouvaille, afin de m'en servir dans l'occasion, et puisque l'occasion se présente, nous pouvons commencer l'ouvrage ; la solde ne manquera pas au bout de la semaine. »

« — C'est à merveille, Mademoiselle, et

dès ce soir je ferai l'emplette des ingrédie nécessaires; mais rien ne réussira si nous ne pouvons avoir à nous quelque chose qui ait appartenu à Jean-Baptiste, de ses cheveux, ou même quelque pièce de son vêtement: ce sera là le fondement indispensable sur lequel nous bâtirons notre sortilége. »

« — Eh! comment faire? Je ne vois pas Thérèse, car je la déteste, et elle seule pourrait néanmoins nous fournir ce dont nous avons besoin. »

«—Tâchez pourtant d'obtenir ce que je vous demande, soit par vous, soit par Sophie Loblin. »

«—Je me suis presque brouillée avec elle; je me suis plainte de la préférence qu'elle donnait à Thérèse sur moi. »

«—L'ingrate! vous qui lui fournissiez tant d'ouvrage; il faut ne plus la faire travailler; aussi bien, m'a-t-elle vivement insultée, et si je fais quelque chose qui vous soit agréable, je présume que vous tiendrez aussi à m'obliger. »

La jeune Séphas avait la tête remplie de

son amour pour Jean-Baptiste, et néanmoins, elle hésita dans la réponse que la sorcière attendait; car le cœur n'était pas mauvais. Cependant, et après de nouvelles instances qui lui furent faites, elle parut consentir aux conditions du traité, se réservant toutefois de n'en tenir les closes que tout autant qu'elles ne la contrarieraient pas trop.

« — Mais, madame Robillot, dit-elle ensuite, comment pourrai-je faire, si je n'emploie plus Sophie, pour parvenir par elle à ce que vous demandez? »

« — Je ne veux que vous renonciez à elle qu'après que nous nous en serons servie; ce sera le citron dont on jette l'écorce quand on en a tiré le jus. »

Ces mots furent dits avec un tel accent de malice profonde, que la jeune Séphas en tressaillit. Entraînée néanmoins par sa passion extravagante, elle persista dans sa première résolution, et reçut avec docilité la leçon de fourberie et de déception que lui donna la méchante femme; elle en apprit de quelle ruse il fallait se servir pour arriver à un but coupable, et munie de ces instructions elle se retira enfin.

Peu de jours après celui-là, Jean-Baptiste, objet de tant de sollicitudes, et attendu dès la veille par l'amour et par l'amitié, reparut un dimanche matin, à six heures, dans la maison de M. Saint-Thomas. Le premier qu'il trouva sur l'escalier fut Cyprien Aimar. Cet excellent jeune homme, d'abord tout entier au bonheur de voir son ami, ne se ressouvint ni de sa méfiance, ni des questions qu'il voulait lui adresser : il vola dans ses bras, et, par un accueil plein de franchise, lui témoigna la joie que faisait naître son retour.

Thérèse, non moins agitée et plus impatiente encore, attendait dans sa chambre, en la compagnie de Sophie, que son amant lui fût rendu. Elle aussi lui prodigua les plus tendres caresses, et elle ne pouvait se rassasier du bonheur de le voir. Déjà ses yeux étaient moins ternes, quelques couleurs brillaient sur son visage, sa démarche était moins chancelante; peu de jours encore, et sa santé, complétement raffermie, rendrait à Jean-Baptiste toute sa force et tous ses agrémens. La petite Loblin lui témoigna, elle aussi, le plaisir que sa présence apportait parmi leur société.

« Que cette matinée appartienne toute à moi et à ces bons amis, dit Thérèse; nous voulons, Jean-Baptiste, fêter ta bienvenue, et nous nous sommes réunis pour te donner à déjeuner. »

Elle achève et un cri joyeux s'élève. Une table est dressée promptement, quelques mets modestes la couvrent, et Cyprien apporte en triomphe de sa chambre une bouteille de vin blanc à vingt sous : c'était le bouquet de la fête. On se hâte de s'asseoir ; Thérèse met son amant à sa gauche (pour elle la place du cœur était la plus honorable) et Cyprien à sa droite; Sophie en face souriait au bonheur de Thérèse, et souvent jetait sur le garçon menuisier un regard qui n'était pas sans mélancolie. Jean-Baptiste n'avait des yeux que pour Thérèse, voulait manger dans son assiette, et surtout ne boire qu'au même verre; son appétit était médiocre, on voyait qu'il le retenait. Aucun chagrin en apparence ne troublait le contentement de ce quatuor, et cependant, dans ces quatre cœurs, il n'en était pas un seul qui n'eût en secret une pénible pensée.

Chacun cherchait à la dissimuler; les éclats de rire, les mots interrompus se succédaient rapidement. Il y avait là du bonheur, du moins en apparence, et dans la réalité il y en avait. Tout à coup, Thérèse pour faire briller la jolie voix de son amie, lui demanda de chanter quelques couplets.

« Que choisirai-je? » fut la réponse de Sophie.

« Eh! Mamzelle, donnez-nous, dit Cyprien, cette belle romance que vous chantiez hier à l'entrée de la nuit. »

« — Oui, s'écria Thérèse, ce grand seigneur amoureux de cette pauvre fille. »

« — Quoi! qu'est-ce? » dit Jean-Baptiste en laissant tomber son verre qu'il tenait en ce moment.

« C'est une histoire bien touchante, her ami; elle est triste, mais elle est olie : c'est un monsieur bien grand et bien iche qui trompe une bergère. O Sophie! ommence-la, elle fera plaisir à Jean-aptiste. »

Celui-ci ne dit rien; mais la romance ne ut pas moins chantée.

Au riche pays de Touraine,
La jeune et sensible Isabeau
Menait chaque jour dans la plaine
Son chien fidèle et son troupeau.
Un beau Chasseur inconnu d'elle
Essaya de plaire à son cœur :
Plaignez la pauvre pastourelle,
Elle écoute un amant trompeur.

« Voilà un premier couplet bien bon, dit Cyprien; il promet mieux encore; tu vas voir, mon ami. »

Elle aimait bien, elle était franche,
Elle crut un tendre serment,
Elle mit sa main douce et blanche

Dans celle de son fourbe amant.
C'était lui consacrer sa vie,
C'était se donner sans retour;
Hélas! bientôt lui fut ravie
Cette paix du premier amour!

« Jean-Baptiste! se prit à dire Thérèse à la fin du second couplet, notre serment prononcé en face de Dieu sera plus durable! Mais poursuis, bonne Sophie; » et Sophie continua :

Ce bel ami, c'était un comte
Et fils d'un altier suzerain;
Son père, en rougissant de honte,
L'enferme en une tour d'airain;
Il n'en sortit que pour se rendre
A la chapelle du château;
Epouse noble il dut y prendre,
Sans avoir pitié d'Isabeau.

A mesure que les paroles parvenaient à l'oreille de Jean-Baptiste, on s'apercevait qu'il changeait de couleur : ses joues devenaient plus animées; il portait sur ses compagnons de table un regard inquisiteur, comme s'il eût pensé que les leurs étaient occupés à surprendre les secrets de son âme; et sa main, agitée d'un mouvement convulsif, descendit machinalement sur la table, abandonnant le couteau avec lequel elle jouait auparavant.

« Pauvre fille! dit Thérèse, qu'elle était à plaindre! Aimer un comte, c'était faire son malheur. »

«—Et celui qui la trompait ainsi, n'était-il pas bien coupable? Qu'en penses-tu, Jean-Baptiste? » demanda Cyprien à son ami.

« Ce que j'en pense.... murmura d'une voix éteinte celui-là. Sophie, achevez votre chanson; à chaque strophe elle devient plus intéressante. » Sophie poursuivit :

Depuis lors cette infortunée,
En proie à d'amères douleurs,
Ne passa plus une journée
Sans répandre de tristes pleurs.
Elle avait donnée au volage

Un cœur, son unique trésor,
Et flétrie au printemps de l'âge,
Elle mourut, l'aimant encor.

Et dès qu'elle eût terminé le dernier vers, l'amant de Thérèse Mortier se leva avec précipitation.

« Elle en mourut ! » s'écria-t-il.

« Oui, elle fut assassinée par l'inconstance de son séducteur, de ce misérable !.... »

« —Cyprien, tais-toi, je ne supporterais pas.... Suis-je malade encore? redeviens-je soumis au délire de la fièvre? » poursuivit Jean-Baptiste en reconnaissant son imprudence à l'étonnement général excité par ses paroles, et plus encore à la surprise grave du compagnon menuisier. Un moment de silence suivit cette scène bizarre; Thérèse le rompit.

« Cher ami, sa mort t'étonne : est-ce qu'à sa place il ne faut pas mourir ? »

« Toi, mourir? ma Thérèse! un barbare te conduirait au tombeau! Ah! jamais! jamais!.... »

« — Oui, jamais, Jean-Baptiste ; car je n'aimerai jamais un grand seigneur. »

« Peut-être ! » dit Cyprien d'une voix sourde.

« Peut-être ! » répéta involontairement et avec un effroi visible Jean-Baptiste.

CHAPITRE XI.

UN DÉJEUNER AU ROCHER DE CANCALE.

« Il faut de ses amis, endurer quelque chose. »
MOLIÈRE, *l'Etourdi*, acte II, scène 10.

LES trois convives, rassemblés dans un des cabinets du Rocher de Cancale à Paris, laissaient expirer une conversation déjà reprise et interrompue plusieurs fois. Ils attendaient un quatrième ami, et l'effet ordinaire de l'attente est de glacer ceux qui en portent le poids : il y a dans leur esprit une certaine inquiétude, une sorte d'irritation qui ne permet ni les saillies, ni la légèreté du récit, ni l'indifférence pour tout ce qui se passe au loin, nécessaire à l'agrément d'une causerie particulière. On est blessé malgré soi d'une sorte de manque d'égard dont on accuse celui qui ne paraît pas encore. On ne songe pas que son retard peut être involontaire; on lui en donne toute la responsabilité; et Dieu sait tout ce qui se passe de furieux dans la tête, par exemple, d'un jeune amant établi sous les allées sombres des Tuileries ou dans les galeries du passage Choiseul ou de l'Opéra, lorsque sa belle amie, que retiennent les soins d'une parure de circonstance, laisse l'aiguille des minutes s'avancer de plus d'un quart d'heure sur le cadran accusateur. Nous avons tous connu ce tourment horrible; oui, horrible, c'est là le mot. Ah! combien, quand on l'éprouve, nous sommes malheureux! Que de prévisions de jalousie, que de soupçons injustes viennent allumer le sang en cette circonstance douloureuse! avec quelle véhémence est outragée l'idole que nous adorons! qu'ils sont amers les reproches qu'on lui prépare ! Mais qu'elle arrive le sourire sur les lèvres, que ses yeux expriment d'abord son chagrin des instans perdus, tout aussitôt disparaissent les aigreurs de l'absence, on oublie le passé, et l'on demeure au charme du présent, au bonheur d'une réunion qui promet des plaisirs plus doux encore.

Ce que je décris avait lieu, mais avec d'autres nuances, dans le cabinet du Rocher de Cancale. Le colonel Mongervel, quoique peut-être le plus fâché et celui que blessait davantage l'indolence de l'ami commun, était en apparence moins courroucé que les deux autres convives.

« Soyez certains, Messieurs, leur disait-il, que, pour manquer ainsi à l'heure, il faut que le vicomte de Nortal se trouve dans un véritable embarras. »

« — Oui, répliqua Amédée d'Erbeuil, notre cher et féal Adolphe est en ce moment le plus à plaindre des hommes ; il est ou chez le prince à bâiller aux corneilles, ou chez madame de Salvière à faire toute autre chose, à moins qu'il ne soit retenu dans l'atelier de quelque artiste, ou en présence d'une Danaé de Girodet, d'un paysage de Michalon ou d'une statue de Fessard. Il oublie que nous sommes ici à l'attendre, et, s'il s'en rappelle, c'est pour dire : « Mes bons amis ont du caractère, ils savent supporter même mon retard. » Et si nous montrions le caractère dont il nous pare, en ordonnant au garçon de monter la soupe au lait que nous mangerons après les huîtres ? »

« — Cinq minutes de délai ; allons, Messieurs, rien que cinq minutes, » demanda avec une voix flutée le troisième interlocuteur. Ce dernier, plus âgé que les deux autres, ne réparait pas ce malheur par les agrémens de sa personne, la dignité de sa tête et la vivacité de son esprit. Il parlait peu, sans néanmoins qu'on le soupçonnât de réfléchir beaucoup. Il était perpétuellement stationnaire ; il aimait le repos ; et, une fois établi sur un banc de pierre, une chaise de bois ou un fauteuil de velours, il se délectait dans les délices de l'immobilité, et, le corps sans mouvement, laissait à ses yeux le soin de se fatiguer pour le reste de ses membres, et à ses oreilles celui d'écouter ce qu'il plaçait avec soin dans les cases d'une mémoire surprenante.

« Mais quel lien retient donc cet aimable ami? reprit le colonel. J'espère qu'il ne chemine pas vers Saint-Cloud ou Vincennes. »

« — Non, affirma le jeune d'Erbeuil; il n'y a pas de chasse aujourd'hui : gens et bêtes, tout se repose. »

« — Monsieur Adolphe, dit le troisième convive que l'on appelait dans le monde monsieur Dolmer, est dans une bien belle passe : un beau nom, une fortune immense, sa figure est charmante, il cause à ravir, il est à son âge aide-de-camp du prince. En vérité, il n'aurait qu'à laisser faire pour lui; il irait loin, très-loin, et cela sans sortir de son canapé. »

« — Vous voilà bien, paresseux que vous êtes, dit d'Erbeuil, vous qui avez résolu d'attendre en dormant la fortune. J'espère qu'Adolphe ne suivra pas votre odieux conseil. S'il veut aller plus loin encore, eh bien ! qu'il se remue, qu'il intrigue : du mouvement, Dolmer, le mouvement perpétuel ; voilà comme on chemine sur cette terre agitée. Mais, de par Dieu ! qu'il ne nous fasse pas attendre, sinon je le décrie au château, dans Paris, et surtout chez nos jolies femmes. »

Un bruit de pas précipités annonça la venue de celui sur qui l'on se divisait. Trois voix accusatrices s'élevèrent contre lui ; et la sienne, sur un ton plus bas, réclama de l'indulgence. Il sortait de faire son service ; il avait fallu s'habiller, et il était accouru en toute hâte. Dolmer, se soulevant de son siége, tira le cordon de la sonnette : le garçon de salle se présenta. « Qu'on serve ! » dit le colonel avec ce ton bref d'un homme accoutumé à commander à ses inférieurs. Le déjeuner était prêt, les huîtres déjà placées, les grillades ne se firent pas attendre, et l'on commença à les dépêcher de manière à prouver que le besoin de satisfaire un vif appétit du matin entrait pour quelque chose dans le reproche adressé sur son retard à l'ami commun.

« — Quelles nouvelles savez-vous, cher vicomte? » demanda le colonel.

« — Des nouvelles! ah! mon Dieu! en sais-je, moi? Je fais mon service sans me mêler de rien. »

« — Quoi! reprit Amédée, tu ne te tourmentes pas dans l'intérêt de la congrégation? »

« — Qu'est-ce que c'est que la congrégation? » répliqua le vicomte de Nertal avec une naïveté fort piquante.

Elle frappa les auditeurs. Dolmer, prenant la parole : « La congrégation est une dame fort agissante; elle se tracasse pour ses amis, elle les place tous à ravir, si bien que, sans se donner de la peine soi-même, pourvu que l'on aille bâiller aux sermons qu'elle fait, et dormir aux séances des Bonnes-Lettres, dont elle nous régale, on finit par obtenir quelque chose. C'est fort comode; on a pour nous des pieds et des ains. Aussi ai-je dit à mon beau-frère que je suis touché de la grâce de Dieu ; et mon beau-frère a pris l'engagement de faire de moi un prochain congréganiste. »

Cette définition d'une société non moins dangereuse au trône qu'à la patrie, amena de grands éclats de gaieté. Adolphe de Nertal ne la partageait point : sa figure paraissait agitée ; il avait l'air de converser avec soi-même ; ses lèvres répondaient positivement aux interrogations de son cœur. Le colonel ne tarda pas à s'en apercevoir. Déjà, depuis quelque temps, il avait signalé dans son ami, le vicomte de Nertal, tous les symptômes d'une inquiétude intérieure qu'il n'avait pu connaître encore. Mongervel était ce que l'on appelle le meilleur ami d'Adolphe, c'est-à-dire qu'ils avaient servi ensemble, fait les mêmes folies, que leur bourse était commune, et que chaque jour ils se voyaient. Le colonel, sorti par la bravoure des rangs de l'armée sut faire sa fortune, grâce à son esprit, son courage et à sa souplesse; il plaisait dans un cercle, car il était aimable; nul ne se battait mieux sur un champ de bataille, comme aussi il ne trouvait pas son pareil dans l'art des complaisances, des civilités, des soumissions même envers ceux qui jouissent d'un grand crédit; mais son défaut de naissance était devenu un obstacle à son ambition : il ne pouvait nommer ni son père ni sa mère, évitait de parler de sa province, et dans tout le royaume ne se connaissait pas de parens, ou pour mieux dire il ne lui plaisait pas de les citer. Il avait été admis depuis son enfance dans l'intimité de la famille de Nertal, et quand celle-ci émigra, on emmena Mongervel au-delà du Rhin; mais l'enfant, à quinze ans, disparut un beau jour; rentra en France, y demanda du service, et en 1814 il portait les épaulettes de colonel gagnées avec gloire. C'était là sa noblesse, la meilleure sans doute; mais elle ne suffisait plus; les temps avaient changé, et d'autres moyens d'avancement s'introduisaient en France.

Mongervel attendait beaucoup du crédit d'Adolphe, aussi était-ce entre eux une amitié à la vie comme à la mort, amitié qui ne déplaisait ni au comte ni à la comtesse de Nertal, non plus qu'à la vieille marquise aïeule du vicomte. Celle-ci supportait sans peine le colonel, quoiqu'elle n'aimât pas les roturiers qui, disait-elle, étaient insoutenables par leurs manières communes, leurs éclats de voix et leurs propos de l'autre monde. Mongervel par des flatteries adroites, par une éducation qui ne tenait en rien de celle de l'empire, obtenait d'elle une bienveillance dont il était charmé : elle lui avait même donné le soin de servir de Mentor à Adolphe, et, dans cette circonstance, le colonel s'apercevait avec dépit que quelque chose troublait le cœur de son ami sans qu'il sût ce que ce pouvait être. Il se proposait de le questionner plus tard à ce sujet, lorsque tout à coup le jeune d'Erbeuil, prenant la parole :

« — Me diras-tu depuis quelle époque ton

linge est confondu avec ceux des palefreniers de la maison de ton père ? »

Cette bizarre interrogation attacha plus particulièrement sur Adolphe les regards des deux autres convives, et tandis que lui rougissait sans peut-être savoir pourquoi, on s'aperçut en effet que, par un contraste étrange avec l'élégance complète de ses vêtemens, il portait à son col une cravate de laine négligemment nouée. A cette vue ce fut un éclat de rire, un *tolle* général.

« — Nous vous prenons en flagrant délit, Vicomte, dit Dolmer, en délit patent de toutes manières. Vous ne venez pas de faire votre service auprès de Son Altesse, mais vous sortez d'un service tout différent, vous couriez après une bonne fortune; Dieu sait en quel endroit ; mais en un lieu certainement où vous étiez dépouillé de tous vos rayons. »

« —Nous nommeras-tu, Adolphe, reprit Amédée d'Orbeuil, la jolie grisette à laquelle tu adresses ton hommage ; ou bien, grâce à un déguisement de mauvaise compagnie, sors-tu de quelque respectable hôtel du noble faubourg? »

A ces plaisanteries, à ces questions répétées par chaque membre du trio accusateur, Adolphe de Nertal ne se montra pas empressé de répondre : il essaya de répandre sur sa physionomie agitée cette froideur apparente qui indique aux hommes de bonne compagnie que le sujet de la conversation déplaît à celui qu'elle concerne. Le colonel et Dolmer avaient l'un et l'autre trop de tact pour ne pas céder à ce genre d'invitation : ils se turent; mais le jeune Amédée, ami sincère du vicomte et son égal par la naissance, ne battit pas aussitôt en retraite.

« — Ah! Monsieur se donne, dit-il, le plaisir de marcher seul, et de ne faire ses confidences qu'à lui-même ! il me récompense bien de la franchise de tous mes aveux. Je lui confie mes peines les plus secrètes, mes plaisirs les plus vifs, et lui me dérobe ce qui m'intéresserait davantage.

Ce n'est pas bien, Adolphe; ce sera au demeurant à charge de revanche, et tu n'apprendras plus de moi, même mes amours avec une figurante de l'Opéra, si j'étais assez abandonné de ma raison et des dames pour m'en passer la fantaisie. »

Le silence du vicomte de Nertal continuant, Amédée vit que ce serait désobliger son ami que de poursuivre l'entretien sur ce ton : il en changea comme les autres, et le premier parla politique; car enfin fallait-il causer d'un point quelconque, et celui-là est assez en France à l'ordre du jour. On passa donc en revue, et le ministère exécré qui régnait alors, et les Grecs qui luttaient avec courage contre le sabre ottoman, et la guerre cachée des autres puissances de l'Europe. Les jésuites ne furent pas oubliés, non plus que les empiètemens de l'ultramontanisme; on dit quelques mots au sujet de l'Espagne, on passa même en Amérique, et néanmoins aucune chaleur n'alluma les propos. Ce déjeuner, où l'on s'était tant promis de s'amuser, de rire, où l'on devait être d'une folie délirante, laissa les quatre amis calmes, froids, et presque de mauvaise humeur, et cela parce qu'il avait plu au vicomte Adolphe de Nertal de venir au Rocher de Cancale avec une cravate de laine rouge et jaune. Combien tout nous prouve que les petites causes amènent les grands événemens!

«—Viendrez-vous ce soir chez votre belle cousine?» demanda le colonel au vicomte.

« — Ah! ton oncle! dit Amédée, que je le plains; duc et pair, chevalier de l'ordre, il n'est pas satisfait encore! Où s'arrêtera son avide ambition?»

« — Oui, poursuivit Dolmer, le duc de Gespart est d'une activité effrayante : il veut tout, va partout, obtient tout. Je demeure harassé des pieds à la tête lorsque je songe seulement aux courses d'une seule de ses journées.»

«—Vous y verra-t-on, Adolphe?» reprit Mongervel.

« —Oui, sans doute, j'irai voir ma chère

parente, dit Nertal; à moins toutefois que Thérèse.... »

« — Qui? Thérèse! » dit le colonel.

« — Ah! elle s'appelle Thérèse! s'écria Amédée en riant aux éclats; par ma foi, Vicomte, tu n'es guère dissimulé; et maintenant que nous savons le nom de la belle qui te fournit d'aussi beau linge, il ne peut t'être désagréable d'achever de nous mettre dans la confidence entière. »

« —J'avais cru, Amédée, que mon silence suffirait à retenir les questions qui me sont désagréables, mais tu me prouves bien que peu t'importe de me désobliger. »

« —Adolphe, vicomte de Nertal, répliqua d'Erbeuil, je vois que Votre Grandeur veut garder son incognito, et que chercher à la soulever serait vous défier au combat à outrance. J'aime certes tout ce qui me reporte à la chevalerie, et je ne veux pas cependant me couper la gorge avec vous pour un mouchoir de laine rouge, bleue et jaune. »

Ces paroles, prononcées avec une gravité

ironique, amusèrent les auditeurs ; celui sur qui elles tombaient ne put en témoigner de la colère : il tendit la main à son ami, et par ce geste annonça la fin de toute rancune. Le déjeuner se termina beaucoup moins gaiement qu'on ne l'avait espéré, ainsi que je l'ai dit plus haut, et chacun, prétextant une affaire imprévue, se retira de son côté : le colonel, pensif et soucieux, et Amédée d'Erbeuil, après avoir dit au vicomte de Nertal :

« — Ami, si tu n'as plus à faire de madame de Salvières, passe-la-moi pour quelques jours. »

« — De qui me parles-tu, Amédée ? »

« — Mais d'une personne de ta connaissance ; au moins l'était-elle au commencement de cette année. Es-tu de ceux qui changent de société intime comme d'habits de la saison ? »

Cette nouvelle plaisanterie fit sourire Adolphe, qui jura ses grands dieux n'avoir pas mis le pied chez madame de Salvières depuis un siècle. « — Et cela est si vrai, ajoutat-il, que je ne pourrais maintenant y reparaître sans être soutenu par un de mes amis. »

« — Ce sera moi qui te rendrai ce service, dit Amédée, lorsque tu en auras la fantaisie. »

Ces derniers mots échangés, on se sépara définitivement. Le colonel Mongervel le soir même ne manqua pas de venir chez le duc de Gespart. C'était la première fois qu'Adolphe de Nertal devait y reparaître depuis sa convalescence ; il ne s'y était pas encore montré, et son oncle en témoignait quelque dépit.

La société accoutumée de sa seigneurie le duc de Gespart était déjà rassemblée lorsqu'Adolphe arriva, pâle encore quoique remis de sa rude maladie ; son père l'accompagnait ainsi que sa mère : ils avaient voulu tous les deux avoir le plaisir de présenter, pour ainsi dire, leur fils à leur frère et à Honorie. Le duc les reçut avec amitié, mais Adolphe avec froideur ; il était encore animé contre lui, et sa conduite marquée d'indifférence ne convenait pas à un homme rempli d'une haute vénération de lui-même.

Honorie, moins sévère parce qu'elle aimait davantage, reçut avec une gracieuseté parfaite les remercîmens que lui fit son cousin sur les marques d'intérêt qu'elle lui avait prodiguées pendant sa maladie.

« Pouvais-je faire moins, dit-elle, pour le frère de Régine ? »

« — Est-ce que vous n'auriez rien fait pour votre propre cousin ? lui demanda la comtesse ; n'a-t-il pas assez par lui-même de qualités ou de vertus qui puissent lui mériter votre amitié ? »

« — Ma tante, répliqua mademoiselle de Gespart en rougissant, il suffit de vous appartenir pour m'être cher à plus d'un titre. »

Le ton avec lequel ces paroles furent prononcées, le regard modeste et enchanteur tout à la fois qui les accompagna, troublèrent le cœur d'Adolphe ; il crut devoir témoigner à sa belle parente combien il était sensible à ce doux intérêt, et prenant sa main avec une familiarité respectueuse, il la baisa galamment.

« — Bien! très-bien, Adolphe! dit le duc qui s'approchait en ce moment de ce groupe; voilà qui est de l'ancien régime! voilà comme nous nous conduisions dans le bon temps; on ne peut témoigner jamais trop de respect aux dames! »

« — Et d'attachement, mon frère, » ajouta la comtesse?

« — Oui, oui, ma sœur, l'un doit marcher avec l'autre. Mais à propos, mon cher comte, et vous, Adolphe, j'oubliais de vous apprendre ce que sa majesté m'a dit ce matin. Je dois avant tout vous dire que depuis avant-hier je ne m'étais pas montré au château; cela avait fait événement; le roi, toujours plein de bienveillance envers ses fidèles sujets, ne me voyant ni au lever ni au coucher, s'informa de moi avec bonté, et quand il m'a vu : « Mon cher duc, m'a-t-il dit, je vous croyais perdu. Il faut, pour que vous ne me manquiez point, que je vous fasse doubler par votre gendre. »

A ces mots charmans j'ai ajouté : « Mon gendre, sire, sera bientôt trouvé si je peux lui laisser en survivance mon titre et ma pairie. — C'est bien ainsi que je l'entends, et quand vous m'amènerez ce beau garçon je veux voir quelle mine il aura avec votre couronne ducale sur la tête. — Oui, ce sont là les propres paroles du roi. Que vous en semble ? Et toi, vicomte Adolphe, qu'en penses-tu particulièrement ? »

Celui à qui la question était adressée éprouva une douleur subite et dont ses traits furent altérés ; cependant, maître de sa physionomie, grâce à son grand usage du monde, il trouva assez de présence d'esprit pour répondre :

« — Je pense, mon oncle, qu'il serait affreux que votre gendre ne fît pas le bonheur d'Honorie. »

Le duc ne saisit nullement le sens véritable de ces paroles ; il les interpréta selon ses désirs, et en conséquence il dit :

« — Oh ! mon gendre est un honnête garçon ; je réponds de lui, et mon frère le comte de Nertal sera mieux encore sa caution. »

« — Duc, répliqua celui-ci, j'aurais de la peine à l'être de qui que ce soit au monde ; les apparences sont trompeuses, et il ne faut jamais s'y fier. »

Ce propos fut accompagné d'un regard pénétrant et triste à la fois, qui augmenta le trouble extrême d'Adolphe ; il ne répondit pas ; le duc prit ce soin pour lui.

« — Mon frère, vous êtes, en vérité, trop sévère ; vous n'avez jamais été jeune ; moi, qui l'ai été long-temps, qui peut-être crois l'être encore, je ne m'alarmerai point de quelques légèretés. Eh ! mon Dieu ! où en serait aujourd'hui le mariage si les Catons seuls pouvaient le contracter ? Console-toi, Adolphe, poursuivit-il en prenant son neveu par le bras et en l'amenant dans une autre partie de la salle ; je ne te ferai pas la moue pour quelques maîtresses que tu as eues, pour une demoiselle de l'Opéra que tu as peut-être encore; les gens de notre rang ne sont pas des anachorètes. Tiens-toi tranquille, tu seras duc et pair après moi. Pour te faire attendre avec plus de patience, je te mettrai à même de causer tête à tête avec Honorie, après vous avoir au préalable amené tous les deux, et en présence de la famille, passer une heure dans la chapelle du palais de la Chambre. »

Cela dit, le duc continua son chemin pour aller recevoir le ministre des finances qui entrait dans le salon; tandis qu'Adolphe, abandonné à lui-même, se laissa tomber dans un fauteuil où il demeura plusieurs minutes, sous l'influence d'un éblouissement dont la cause était dans son cœur non moins que dans sa tête. Il avait besoin de se vaincre pour reparaître devant ses parens, et à l'heure où l'on pouvait le croire heureux un coup mortel venait de lui être porté.

CHAPITRE XII.

LA CONFIDENCE PROMISE.

« Sachez bien à qui vous confiez votre secret. »
Comédie manuscrite.

UN léger coup frappé sur l'épaule du vicomte de Nertal le retira de ses profondes méditations. Il leva des yeux remplis d'une douleur sombre, et les porta sur le colonel Mongervel, qui parut chagrin à la vue de toute la mélancolie dont ils étaient empreints. « — Cher ami, dit-il à voix basse, et comme s'il eût craint d'être entendu, tâchez de prendre un peu plus d'empire sur vos sens. Nous sommes dans un lieu où il ne faut pas exciter la curiosité des indifférens, et surtout leur faciliter de se livrer à des conjectures qui pourraient vous nuire. Votre père d'ailleurs vous observe avec soin, et vous ne voudriez ni lui donner du chagrin ni le mettre dans la nécessité d'avoir avec vous une explication embarrassante. »

« — Mon père! dit Adolphe en tressaillant et en se levant avec une promptitude extrême; croyez-vous qu'il ait pu s'apercevoir de mon immobilité? Il ne me manquerait plus que ce malheur. »

« — Etes-vous réellement malheureux? Et de quelle manière? Les apparences dans ce cas sont bien trompeuses; elles font de vous l'homme le plus près du bonheur; mais je sais que les dehors ne font rien à l'état du cœur; le vôtre est souffrant, je le devine. N'avez-vous pas besoin d'épancher vos inquiétudes dans le sein de votre ami? de moi, cher Adolphe! de moi qui vous suis attaché dès votre enfance, et qui mérite, j'ose le croire, l'affection que vous m'aviez témoignée jusqu'à ce jour. »

« — Colonel, vous avez droit de vous plaindre de moi : j'ai eu tort de ne pas vous ouvrir mon âme tout entière ; si je l'eusse fait plus tôt je serais moins tourmenté, sans doute ; mais, à présent que le mal est fait, que tout est consommé, à quoi bon vous faire des confidences inutiles ? Que me serviraient des conseils dont la sagesse ne me conviendrait pas ? »

« — Je vous les éviterais s'ils vous déplaisaient trop. Mais, mon ami, ne puis-je qu'être votre guide ? N'y a-t-il pas un rôle plus beau à jouer, quoique moins raisonnable, celui de vous aider dans vos folies, si je ne le puis autrement ? Un poids affreux pèse sur vos sens, je le reconnais ; vous êtes agité dans votre âme plus que dans votre corps. Eh bien, que cette fièvre morale me soit contagieuse, je souhaite la prendre avec vous. »

Ces paroles furent prononcées avec une franchise, une sensibilité si complètes, en apparence, qu'Adolphe ne sut pas leur résister. Peut-être que s'il avait eu le choix libre d'un confident il n'aurait pas donné ce titre au colonel; Amédée d'Erbeuil l'eût obtenu avant lui; mais ce dernier était si léger dans ses dehors, il possédait si peu de cette curiosité qui pousse à surprendre les secrets des autres, que le vicomte de Nertal n'avait pas eu le courage de lui confier ce qu'il ne lui demandait point. D'une autre part, il était arrivé à ce moment pénible où le cœur de l'homme a besoin de verser le trop plein du mal qui le dévore. Mongervel fut habile à profiter de la circonstance, et il lui dut ce que son ami ne tarda pas à lui révéler.

« Edmond, dit ce dernier, ce ne peut être dans le salon de mon oncle que tout ceci doit vous être conté; mais si demain à midi vous voulez me donner à déjeuner chez vous, j'irai vous apprendre mon extravagance, et vous effrayer par le tableau de mon avenir. »

Après ces mots prononcés, la conversation finit brusquement par l'approche d'Amédée d'Erbeuil qui venait d'entrer au salon.

« — Te voilà, Adolphe? dit-il avec sa gaieté ordinaire. J'attendais à te voir ici pour me décider sur le choix de la cravate que j'aurai à mettre demain. Il paraît que tu n'as pas voulu persister à nous imposer une mode nouvelle, et que tu as consenti à t'habiller en honnête homme. »

« — Maître fou, répliqua Adolphe, tu es toujours le même, et il ne fait pas bon tomber dans tes mains. »

« — Dois-tu me craindre? je fais plus de bruit que de mal, et il vaut mieux se fier à ceux de ma sorte qu'à des caractères plus réfléchis. »

Cet avertissement indirect frappa le vicomte et déplut au colonel; il ne pouvait néanmoins s'en offenser; certainement d'Erbeuil ne l'avait pas annoncé dans le dessein de lui être désagréable; mais comme Mongervel, en voulant obtenir la confiance d'Adolphe, était dirigé par une arrière-pensée, il sentait forcément que peut-être celui-là aurait pu mieux choisir. Le colonel, ainsi que je l'ai dit, avait une passion unique à laquelle toutes les autres étaient immolées: il prétendait faire un chemin brillant et rapide; l'ambition lui parlait seule, et seule était écoutée; il espérait beaucoup ducrédit de la famille de Nertal, et surtout de la reconnaissance de la vieille marquise. Cette dame, sans presque sortir de chez elle, conservait de l'ascendant sur les débris puissans de la cour ancienne, et elle était capable de payer à un haut prix des services qui lui seraient rendus dans la personne de son petit-fils. Le duc de Gespart, de son côté, possédait une portion considérable de la faveur des princes, et l'ami intime de son gendre devait compter sur ses soins. Toutes ces considérations le dirigeaient, et, parmi elles, l'amitié d'Adolphe n'avait que le moindre rang. Enfin cet homme était comme tant d'autres qui ne font du sentiment que les bases de leur intérêt.

« — Ne viendras-tu pas vers ta cousine ? demanda Amédée au vicomte. Vois qu'elle est belle, et avec quel feu ses regards se portent de ton côté! Allons, beau ténébreux, présente-moi ce soir à ton Ariane, à moins que tu ne consentes à l'affront que je puis te faire en te rendant ce service moi-même. »

Adolphe se laissa entraîner. Honorie parut joyeuse de le voir venir à elle. Honorie, depuis son enfance, aimait son cousin, d'abord en sa qualité de parent, et puis comme son futur époux. Le mariage projeté entre les deux familles n'avait jamais été tenu secret au jeune couple; on ne s'était point caché d'eux, et l'on avait eu raison : souvent les âmes se façonnent à ce qui doit être, et si l'amour ne les échauffe pas, l'amitié et la continuité de soins la remplacent avec avantage.

Adolphe, malgré ce qui l'occupait entièrement, ne pouvait se défendre de reconnaître dans Honorie ces qualités extérieures qui frappent les regards et celles non moins précieuses d'un caractère charmant. Celui-là était doux, élevé tout à la fois, susceptible des plus nobles résolutions, et rempli de cette bonté conciliante qui fait l'agrément de la vie. Quant aux charmes visibles, ils naissaient de l'heureux concours d'une perfection de traits singulière, du mélange de diverses beautés rarement réunies ensemble : des yeux noirs, par exemple, avec de superbes cheveux blonds; une haute taille et beaucoup de grâces. Elle possédait en outre de l'esprit point méchant, et de l'instruction qu'elle dérobait sous une extrême modestie.

Une foule nombreuse l'entourait toujours, et loin de chercher à la retenir par ces moyens que la coquetterie n'enseigne que trop bien à son sexe, elle craignait de produire de l'effet, et mettait à dissimuler ses avantages le soin extrême qu'emploient tant d'autres à faire briller les leurs. Telle était mademoiselle de Gespart. Elle ne parlait jamais de politique, et à l'époque où se passaient les scènes de cette histoire, il fallait plus que de la raison pour qu'une jeune personne renonçât à se mêler de ce qui ne la regardait pas.

Le comte de Nertal avait étudié soigneusement le caractère de sa nièce ; il y avait trouvé tout ce qui pouvait assurer le bonheur de son fils ; car cet excellent père n'aurait voulu en aucune manière de ces unions fatales où l'on a tout combiné hors les vertus des futurs époux ; de ces mariages déclarés bons parce que la richesse en fait la base et que ne tardent pas à détruire les plus funestes penchans. Honorie rassurait son beau-père ; il savait qu'elle serait femme aussi parfaite qu'elle était fille excellente, et cette certitude le faisait attacher à une alliance dans laquelle se trouvaient réunis, et les avantages qui sont d'un si grand pri aux yeux du monde, et les qualités d l'âme qui font la prospérité d'une vie inté rieure. Sa femme aimait aussi Honorie, tante faible ; elle lui aurait reconnu les vc tus qu'elle n'eût pas possédées peut-êtr enfin et jusques à la marquise, sans oubli

Régine, tous les membres de cette famille attendaient avec impatience le moment où un double lien leur attacherait une personne qu'ils aimaient tant.

Adolphe seul rendait moins de justice à sa cousine, ou plutôt, égaré par l'effervescence d'une tête ardente, n'était pas convaincu que le bonheur fût pour lui dans cette union. Il avait ce travers d'esprit, si on peut le qualifier ainsi, qui met un cœur en dehors de sa position sociale, Né au milieu du luxe et de tous les avantages d'une haute naissance, porté jeune encore dans les honneurs de la cour, il avait conçu une aversion extrême pour ce brillant esclavage. L'éclat, le bruit, les grandeurs lui déplaisaient; il aimait le calme, la solitude et surtout l'obscurité; et tandis que, revêtu de son magnifique costume, il accompagnait dans les voitures de la couronne, son prince aux cérémonies de l'état, il rêvait avec délice au bonheur d'habiter une maison petite, dans une vallée riante, où on pût jouir sans tracas de tous les charmes de la médiocrité. C'est ainsi que la nature, par un caprice bizarre, jette dans le monde et hors de leur place des individus dont par cela seul elle fait le malheur.

La soirée finit enfin, et moins en jeune homme charmé de son sort qu'en être accablé par la fortune, Adolphe remonta dans la voiture avec ses parens. « Mon fils, lui dit alors la comtesse, le duc vous a parlé avec beaucoup de vivacité; il vous racontait sans doute ce que sa majesté lui a promis. »

«—Oui, ma mère, » répondit Adolphe en dissimulant sa nouvelle peine sous un air indifférent.

«—Je crois qu'il serait convenable, poursuivit la comtesse, que vous fussiez avec votre père remercier le roi de sa bonne volonté. »

«—Moi! Madame? et à quel titre? » s'écria étourdiment le jeune homme.

« — Mais à celui d'époux d'Honorie; je crois que ce titre-là vous est acquis. »

Adolphe garda le silence; sa mère ne

s'en alarma point: la vérité ne lui était pas connue, elle s'en trouvait si loin qu'elle ne pouvait même pas la soupçonner. Son mari en savait davantage sur ce sujet, et cependant il ne se mêla pas de la conversation; trop de pénibles pensées l'occupaient à cette heure: il craignait l'avenir, et il n'osait se flatter de voir réussir enfin ce qu'il désirait avec tant de vivacité.

Son fils, non moins tourmenté, sentait approcher le moment d'une catastrophe inévitable; il y avait en lui un combat véhément, et il lui était impossible de savoir de quel côté resterait la victoire. Dès lors il désira ardemment ce que jusqu'à cette heure il avait évité: c'était de se donner pour confident, soutien et coopérateur le colonel Mongervel, qui, plus âgé que lui et nécessairement plus calme, lui donnerait les avis dont il avait tant besoin et les secours qui lui deviendraient nécessaires.

Il passa une nuit agitée, rentra chez lui de bonne heure le lendemain, et à celle qu'il avait fixée arriva chez le colonel.

«—Vous êtes exact, Adolphe, lui dit celui-ci, et je vous en remercie; car si vous n'êtes point tranquille, ce que je reconnais à l'altération de vos traits, je ne suis pas dans un état plus calme. Vos demi-paroles d'hier m'ont bouleversé à tel point que j'ai eu le temps à peine de me livrer à un léger sommeil. Hâtez-vous donc de me faire connaître ce qui vous tourmente; mon inquiétude cessera aussitôt que je serai fixé sur votre situation, qui est devenue la mienne.

«—Je viens ici, Edmond, répliqua Adolphe, pour vous faire toute ma confession; je veux réclamer votre indulgence, et m'adresser à votre amitié, s'il en est besoin.»

«—Vous avez tout droit sur moi, la chose est certaine; mais avant de commencer, entrons dans ma salle à manger, où le déjeuner nous attend. Vous m'avez demandé un coup à boire, il m'est agréable de vous le servir.»

Adolphe n'éprouvait pas le désir de satisfaire son appétit; mais il était dans cet âge où les plus grands chagrins ne peuvent arrêter les besoins de la nature; et tout en rêvant à ce qu'il avait à dire, il fit honneur à l'excellent repas offert par le colonel. Celui-ci, en homme habile, détourna tout ce qui pouvait ramener le vicomte à de fâcheuses pensées; il ne l'entretint que de futilités agréables, de modes du jour, des journaux et de la littérature. Déjà commençait, ainsi que je l'ai déjà dit, cette lutte animée entre le classique et le romantique. Ce dernier, privé dans la France moderne de toutes les ressourses du génie, ne combattait qu'avec morgue, insolence même, et établissait, par une bizarrerie sans exemple, la poétique d'un genre qui n'existait pas.

Le colonel, à qui tout était égal de ce qui ne pouvait pas le pousser dans la carrière militaire, se déclara pour le moment classique, dès qu'il eut vu Adolphe romantique par caprice, peut-être comme il était décidé à passer dans le camp ennemi pour peu que la dispute devînt utile à la chaleur de la conversation.

Le déjeuner finit enfin; un ordre donn à l'avance repoussait tout survenant. Le deux amis passèrent dans le cabinet de tra vail du maître de l'appartement, et là pri-rent place sur un divan immense.

«—Adolphe, je suis tout oreilles, dit le colonel;» et tandis que son visage se mon-tait au ton de la sensibilité la plus entière, ses mains amoncelaient autour de lui les coussins, de manière à ce qu'il pût s'ap-puyer sur eux commodément.

CHAPITRE XIII.

LES ILLUSIONS D'UN JEUNE HOMME.

> « L'amour.........
> Devient plus violent plus il se voit gêné. »
>
> TH. CORNEILLE, *le comte d'Essex*, acte II, scène I.

« — QUE vous allez rire de moi, cher Mongervel ! que je vais vous paraître ridicule ! dit Adolphe en se levant impétueusement et en marchant à grands pas dans la chambre ; voilà que la honte me saisit au moment de vous faire connaître toute ma faiblesse ; et que vous êtes loin de ce que je dois vous communiquer ! »

« — Je suis ici pour vous entendre, vous plaindre et vous encourager. »

« — Oh oui ! Ne laissez pas errer sur vos lèvres ce rire malin dont vous aimez à vous armer ; tâchez, s'il vous est possible, de sortir un instant du positif de la vie pour me suivre dans cette idéalité, qui, avec ses tourmens, a bien aussi ses plaisirs et ses avantages. Vous savez ma naissance, le rang que j'occupe dans le monde ; eh bien ! je n'ai pas été fait comme il l'aurait fallu ; je ne jouis pas de ce qui plairait tant aux autres, et mon ambition tend toujours à descendre, et non pas à s'élever. C'est là en peu de mots toute mon histoire. Je cherche la prospérité sur une route inusitée, et parcourue rarement par ceux de ma classe. Le comprenez-vous bien, colonel ? entrez-vous parfaitement dans ma position ? »

« — Je vous écoute avec une attention extrême, c'est encore tout ce que vous pouvez exiger de moi. »

Adolphe aurait voulu un autre propos :

il attendait une effusion du cœur, ou de ces engagemens prématurés qui partent spontanément, et non une simple réponse conforme à l'état des choses. Néanmoins il était trop lancé pour reculer, et il continua en ces termes :

« Ma famille se hâta de me déclarer homme fait : c'est le seul tort de mon excellent père. Amené de bonne heure sur le théâtre du grand monde ; conduit à la cour où je parus sans expérience, ma tête ne tarda pas à parler ; je m'abandonnai à toutes les folies dont on me fournissait des exemples journaliers, et, s'il vous en souvient, je ne tardai pas à mériter le renom d'homme à la mode, et mes succès dans un genre absurde firent quelque bruit parmi les femmes auxquelles je consacrai mes soins. Au rang de celles qui me trompèrent avec un art ou une effronterie sans exemple, je dois citer la baronne de Salvières. Vous l'avez connue : elle est belle, agréable, spirituelle, caustique, espiègle ; elle a conservé à vingt-huit ans les grâces de la jeunesse, qu'elle sait allier à merveille à toute l'astuce d'un l'âge mûr. Je la rencontrai chez une de ses amies : elle me plut, je le lui dit, et par là j'éveillai sa gaicté. Je l'assurai d'un attachement sans borne : elle m'écouta avec attention, me permit de venir la voir chez elle. Bientôt elle se montra sensible à mon amour, et je me crus vraiment heureux lorsqu'elle m'eut juré une fidélité à toute épreuve. Oui, colonel, elle protesta qu'elle n'aimait et n'aimerait que moi ; et votre ami, en vrai fat crédule, ne se permit pas de douter. »

« Cher Adolphe, me dit-elle, nous avons besoin de beaucoup de prudence : mon mari, horriblement jaloux, et voulant échapper au ridicule de l'être, attache à mes pas un jeune homme insignifiant, son cousin germain et de plus son pupille ; je ne puis sortir sans cet enfant ; il me gêne de sa compagnie ennuyeuse, et je sais que le drôle redit tout à son tuteur. Le comte de G...., ambassadeur de..... est encore un surveillant très à craindre ; amoureux passionné de mes faibles charmes, quoiqu'il m'aime sans espoir, il se tient tranquille parce qu'il n'est pas excité par le triomphe d'un rival, tandis que, s'il me soupçonnait faible à l'égard d'un autre, il ne balancerait pas à tout découvrir à M. de Salvières. Un diplomate passionné est capable de tout; vous m'aimez trop, mon ami, pour vouloir me rendre malheureuse. Ne m'approchez pas dans le monde, ni ne cherchez avec affectation les lieux où notre société se réunit. Laissez-moi le soin de saisir les occasions favorables, et de désigner les endroits où nous pourrons nous retrouver sans danger. »

« J'écoutai sans méfiance ces paroles prudentes. Un sentiment trop vif me portait vers la baronne pour que je m'opposasse aux règles d'un mystère propre à maintenir notre félicité : j'adoptai toutes ses mesures, et dès lors, en la voyant moins, je sentais que chaque jour je m'attachais à elle davantage. Telles, me disais-je, n'étaient pas mesdames de Verteuil, de Sangis, la jolie actrice de Feydeau et l'impudente danseuse de l'Opéra. Je comptais sur mes doigts le nombre des femmes qui s'étaient jouées de moi, et je m'applaudissais d'avoir saisi au vol le phénix de l'époque.

» J'étais dans ces dispositions, et chaque jour mon amour augmentait de vivacité, quand M. Joseph, valet de chambre favori de ma seigneurie en herbe, entra un matin chez moi avec une figure renversée. Vous savez que Joseph, fils d'un ancien domestique de mon père, est né le même jour que moi, et qu'attaché à mon service particulier dès notre enfance, nous avons grandi ensemble : il est du petit nombre de ces valets qui confondent leur honneur et leur amour-propre avec ceux de la maison dont il font partie. Joseph m'aime parce que je lui suis attaché, et il tient à ce qu'il appelle ma gloire autant que je puis y tenir moi-même.

» Voyez, après ce préambule nécessaire, voyez Joseph devant moi, pâle, agité et les yeux sortant de la tête, attendre le moment favorable de causer avec moi, ainsi que je le lui permettais souvent. Son camarade, qui rangeait ma défroque de la veille, sort, et lui, prompt à saisir le temps : « — Monsieur le vicomte, dit-il, j'ai besoin de vous parler sans retard. »

» Je crus qu'il lui était arrivé quelque chose de fâcheux. Il avait lui aussi ses bonnes fortunes, et dans son intérêt je ne balançai pas à lui accorder une audience sollicitée aussi vivement ; mais quelle fut ma surprise lorsqu'il me déroula le récit d'une longue histoire qui ne regardait que moi ! Joseph était lié avec le chasseur du comte de G..... ; cet homme venait tout à l'heure de lui conter que son maître, oubliant sa gravité diplomatique, s'était battu ce même matin avec qui? le devinez-vous ? avec le cousin de madame de Salvières. Et pour quoi, s'il vous plaît ? pour la baronne elle-même, surprise *flagrante delicto* avec cet *enfant incommode*, dans je ne sais quelle guinguette hors les barrières de Paris. Le tout me parut si vrai, si complétement vrai, les détails si positifs, si précis; ils me furent d'ailleurs si bien confirmés par la voix publique et par la séparation éclatante de la baronne et de son mari, que je dus me rendre à l'évidence. Cette trahison, cette fourberie me mirent hors, de moi, et, dans ma fureur, je jurai de ne plus m'attacher à aucune femme. »

« — Peut-être, Adolphe, auriez-vous dû ne point manquer à cet engagement pris avec vous-même. »

« — Vous avez raison, Mongervel ! mais je suis homme faible, par conséquent facile à me laisser aller à une pente naturelle. Me voilà donc furieux, rougissant de mon indigne amour et me rejetant plus que jamais en moi-même, et dans l'étude des beaux-arts. Je renonçai à des sociétés brillantes où je n'espérai plus trouver de la vertu et de la bonne foi, et ne voulus plus m'occuper de ces distractions tumultueuses entièrement sans attrait pour moi. Cependant, à mesure que le souvenir de la perfidie de madame de Salvières s'affaiblissait en moi, une voix, d'abord peu élevée, demandait à mon cœur s'il n'y avait dans le monde qu'une classe de femmes, si dans celles placées en des rangs inférieurs il serait impossible de rencontrer une âme simple, franche, qui ne fît pas de l'amour une spéculation d'intérêt, de vanité ou de plaisir, qui enfin aimât pour être seulement aimée.

» Plus j'allais, plus je me nourrissais de cette idée; elle formait un problème dont je me surprenais à chercher la solution. Déjà, sans m'être entendu avec moi-même, je revêtais un costume sans luxe, un habit modeste ; je fuyais tout ce qui pouvait me rappeler ce que j'étais; et, comme un insensé véritable, j'allais au hasard dans les rues, sur les boulevards, aux promenades publiques, à la quête de cette chimère que mon imagination parait de toutes ses illusions.»

« — Et pour votre malheur, Adolphe, vous l'avez rencontrée ? »

«—Bonheur ou malheur, selon vous, selon moi, vous avez dit vrai ; j'ai atteint à cet amour naïf, dégagé de toutes les entraves que l'on a l'usage de lui donner. Oui, Mongervel, j'ai rencontré un ange dans une humble couturière ? »

« — Vicomte de Nertal, aide-de-camp du prince !... s'écria le colonel en se levant, Dieu veuille que je vous aie mal entendu, ou que vous ayez conçu la pensée de vous jouer de mon amitié !... »

« — Ni l'une ni l'autre de ces hypothèses, répliqua tranquillement Adolphe, n'est vraie ; je vous le répète, Mongervel, j'ai rencontré un ange dans une humble couturière. »

« — Pardonnez-moi de vous avoir interrompu, et continuez, je vous en prie, votre narration intéressante, » dit le colonel en se renfonçant dans la pile de coussins.

« — Perdu dans mes idées bizarres, les caressant toujours, je passais un dimanche vers cinq heures du soir dans la rue Phelippeaux ; plusieurs jeunes filles, suivant l'usage de Paris, armées chacune d'une raquette, jouaient au volant ; quelques garçons en petit nombre étaient avec elles et prenaient part à leur divertissement; j'allais d'un pas lent, afin de jouir d'un tableau de gaieté tel qu'on en a peu d'idée parmi nous, lorsque j'entendis appeler à plusieurs reprises une jeune fille séparée de ses compagnes par toute la largeur du ruisseau et occupée à causer avec une femme âgée: «Thérèse!... Thérèse! disait-on, c'est à ton tour; » et aussitôt, leste comme une sylphide élégante, cette Thérèse franchit l'espace et vint prendre la raquette qu'on lui abondonne.

«Je ne sais point ce qui m'agita dans ce moment, ni pourquoi je fus frappé de l'électricité de la sympathie; tout ce que je puis vous dire, colonel, c'est que je m'attachai sur l'heure à cette charmante créature. Je ne m'amuserai pas à vous faire son portrait, je le tracerais mal sans doute, et vous, qui ne connaissez pas Thérèse, ne l'écouteriez qu'avec distraction; quant à ce qui me concerne, je puis vous dire que jamais mon cœur n'avait battu plus vivement, et que plus de flamme n'était jaillie de mes sens immobiles. A ma place et caché à moitié derrière un cabriolet arrêté, je m'enivrai tout à l'aise du plaisir de la voir, et ce ne fut pas sans peine que je me décidai à m'éloigner.

» Le lendemain, ma course me ramena vers la rue Phelippeaux; j'y revins pendant plusieurs jours de suite, et je ne retrouvai plus ma modeste divinité. Cependant, me disais-je, elle doit habiter cette rue. Enfin je m'imaginai de me rendre là avant sept heures du matin, de me poster auprès des laitières du quartier, et je demeurai presque certain que je parviendrais à revoir la jeune fille. Ce que j'avais projeté reçut son exécution, et ma joie fut extrême lorsque, vêtue d'un simple déshabillé du matin, mais frais, mais pur comme elle, je vis ma Thérèse venir chercher sa mesure de lait! Je dis ma Thérèse, parce qu'il m'est impossible de ne pas m'identifier avec cet être charmant.....

» Je n'eus garde de la perdre de vue; je

la vis entrer, après avoir passé chez un boulanger voisin, dans une maison d'assez belle apparence où je ne pus plus douter quelle ne logeât. Pour m'en assurer mieux encore, le lendemain je me rendis au même poste, et cette seconde fois, suivant les mouvemens de la jeune fille, je fus convaincu que son habitation m'était enfin connue.

» Mais il fallait parvenir jusqu'à elle, et c'était ici que commençait mon embarras; c'était mon âme, mon corps que je voulais qu'on aimât, non mon costume ou mon rang dans le monde; dès-lors il fallait renoncer a tout ce qui me séparait de Thérèse, descendre à son niveau, me faire pauvre comme elle, pauvre véritablement, afin d'être bien assuré que rien d'étranger à ma personne ne militerait en ma faveur: c'était une idée extravagante, une idée que tout autre aurait repoussée après s'en être amusé un instant. Quant à moi, je m'y attachai avec opiniâtreté; je me décidai à être ce que je n'étais pas, et je me jetai en aveugle dans une entreprise dont je ne prévoyais pas la fin.

» Mais, me demanderez-vous, est-ce que vous ne vous occupiez pas de l'avenir ? En aucune façon, vous répondrai-je ; l'avenir n'était rien pour moi ; j'appartenais au présent ; je voulais, s'il était possible, goûter d'un amour sûr, et, sans plus de réflexion, j'agis en conséquence. Je ne pus pas songer que peut-être cette jolie fille avait déjà un amant ; que la ravir à un autre ne serait qu'obtenir une preuve de plus de sa fragilité. Non : m'en rapportant à la seule apparence, je crus reconnaître à la sérénité de ce front virginal, à ce calme empreint sur ses traits candides, que cette jeune fille ignorait encore les peines et les plaisirs de l'amour.

» Il y a dans le regard de la femme dont le cœur est agité quelque chose qui frappe au premier aspect ; son éclat est particulier ; il brille d'un feu plus ardent, plus impétueux ; les émotions multipliées s'y réfléchissent et ne la laissent jamais en repos ; tandis que dans celle dont l'âme est tranquille, l'œil toujours beau reste doux; il ne lance pas ces éclairs nés d'un incendie moral, il n'est animé que d'une flamme paisible, et dans laquelle il n'y a rien de pénible.

» Je ne sais si, comme moi, vous apercevez ces choses; je ne crois pas m'y tromper; et au moins, dans cette circonstance, je pus reconnaître ma sagacité. Thérèse Mortier, c'est ainsi quelle se nomme, n'avait éprouvé aucun sentiment d'amour; son heure fatale n'était point encore venue, c'était moi qui devais la faire sonner! La fortune, soit que dans cette circonstance elle ait voulu me servir ou me nuire, ce qui encore ne me paraît nullement décidé, me montre au-dessus de la porte de la maison où logeait Thérèse un écriteau annonçant plusieurs chambres a louer...

» Bon! me dis-je, une sera pour moi.

» Je rentrai en toute hâte; je mis Joseph dans une portion de ma confiance. Il courut sur l'heure à la recherche d'un appartement de médiocre grandeur, situé dans une maison sans portier ; il le rencontra rue Quincampoix ; ce fut là que j'établis mon premier poste, là que je dépouillai mes vêtemens de ville ou militaires, pour prendre ceux du simple ouvrier dont je voulais jouer le rôle. J'étais embarrassé pour le choix d'une profession ; il en était plusieurs qui ne convenaient pas à l'état habituel de mes mains : ce fut Joseph qui imagina de faire de moi un colleur de papier, et je dois vous avouer que je pris quelques leçons d'un artisan en ce genre, afin de n'être pas trop novice si, par cas, quoique bien malgré moi, j'étais obligé d'entrer en plein exercice. Ces préliminaires arrêtés, mon nouveau costume acheté tout neuf chez un marchand d'habits du quai de Gèvres, je me présentai hardiment dans la maison de M. de Saint-Thomas, où logeait ma divinité ; je demandai à voir les chambres ; on me conduisit au cinquième étage dans les mansardes ; là on me montra une pièce carrée assez grande, avec un cabinet obscur ; on en demanda cent francs, et, en vrai sot, je consens au prix sans marchander. Pouvais-je faire autrement, Mongervel? la porte de mon domicile s'ouvrait en face de celle de Thérèse, et tandis que l'on me montrait les lieux je pouvais voir tout à mon aise la femme charmante pour laquelle je venais là.

Il fallut songer à me meubler, ce fut encore le soin de Joseph... Il acheta un lit de trois pieds, deux minces matelas, une commode de noyer qui n'était pas neuve, quatre chaises, un fauteuil de velours d'Utrecht jaune, un morceau de miroir grand comme les deux mains, une fontaine épuratoire, un flambeau, deux pots, des écuelles; ce fut à peu près tout mon ménage: je riais de ces détails, et ils me charmaient tout à la fois.

» Mon père et ma famille partirent à la même époque pour Nertal; je demeurai seul, retenu par mon service, et libre par conséquent de tous mes mouvemens. Je réglai l'emploi de ma vie : chaque soir j'allais coucher rue Phelippeaux ; j'en sortais le matin à sept heures, et souvent, sous prétexte que je manquais d'ouvrage, j'y revenais dans la journée. Le retour de mes parens ne changea point mes habitudes ; seulement je venais plus souvent passer la nuit dans leur hôtel, et alors on croyait que j'étais retenu par mon maître colleur. Je commence par vous apprendre toutes ces choses, afin de ne plus y revenir dans le cours de mon récit.

» Parmi les locataires, mes voisins déjà installés, je remarquai, outre Thérèse Mortier, une autre jeune couturière, son amie, Sophie Loblin, jolie personne, et douée d'un heureux caractère. Bientôt après, et dans une chambre demeurée vacante, vint s'établir un garçon menuisier, Cyprien Aimar, véritable Apollon subalterne, et possédant ces vertus si rares dans sa classe et dans la nôtre. Ce jeune homme unit à une force colossale des traits charmans ; il a le cœur franc et noble ; il est gai et mélancolique tout ensemble ; il possède une raison qui l'élève au-dessus de moi.....

«—Enfin, Adolphe, dit le colonel avec impatience, c'est le phénix des menuisiers comme Thérèse l'est des couturières...»

«—C'est l'exacte vérité,» reprit Adolphe non sans quelque sécheresse, et puis il continua sa narration.

FIN DU TOME PREMIER.

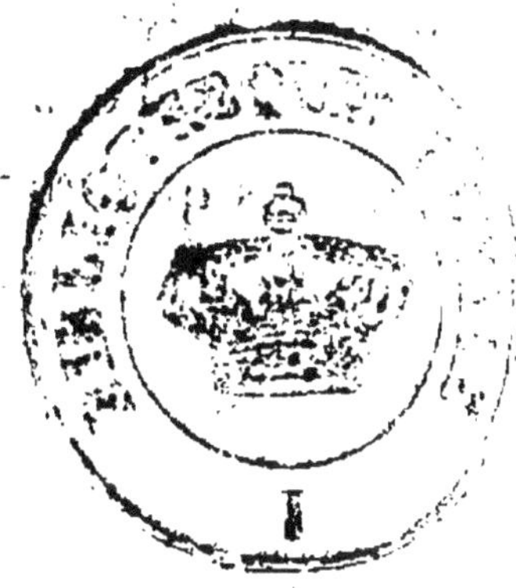

www.ingramcontent.com/pod-product-compliance
Lightning Source LLC
LaVergne TN
LVHW050515100826
845148LV00002B/346
* 9 7 8 2 0 1 2 1 9 2 0 7 2 *